GUIDE ILLUSTRÉ

A Saint-Gilles Croix-de-Vie

ET AUX ENVIRONS

SABLES-D'OLONNE
…HE-JOURDAIN, IMPRIMEUR-EDITEUR

1897

SAINT-GILLES-CROIX-DE-VIE

GUIDE ILLUSTRÉ

À

Saint-Gilles Croix-de-Vie

ET AUX ENVIRONS

PAR

HENRI RENAUD

Avocat aux Sables-d'Olonne

Membre de la *Société d'Emulation de la Vendée.*

Dessins inédits et Carte du canton de Saint-Gilles et de la commune d'Apremont

PAR

A. SCHELL

Agent-Voyer cantonal à Saint-Gilles-sur-Vie.

LES SABLES-D'OLONNE

ROCHE-JOURDAIN, IMPRIMEUR-ÉDITEUR

—

1897

AVANT-PROPOS

Il a été beaucoup écrit sur Saint-Gilles-Croix-de-Vie et leurs Environs ainsi qu'on pourra s'en convaincre en jetant un rapide coup d'œil sur la Bibliographie qui se trouve à la fin de ce travail. Mais bien peu de personnes sont à même de consulter toutes ces études disséminées dans une multitude de revues et de brochures qui forment à elles seules toute une petite bibliothèque et dont beaucoup sont presqu'impossibles à rencontrer aujourd'hui.

C'est pourquoi il m'est venu à la pensée de composer, en me servant de tout ce qui a déjà été publié, un travail d'ensemble sur ce coin de terre auquel me rattachent mes plus chers souvenirs de famille et d'enfance. Je n'ai pas eu d'autre prétention que de donner des indications utiles aux Etrangers de plus en plus nombreux qui fréquentent notre belle côte et de les y attacher davantage, s'il est possible, en leur faisant mieux connaître le pays.

Si j'ai développé peut-être plus qu'il n'était absolument nécessaire la partie historique de l'ouvrage, c'est que je crois qu'on ne connaît pas bien une région quand on ne sait pas son histoire ; et qu'en même temps que pour les Etrangers, je travaillais pour mes Concitoyens qui ne se plaindront jamais d'avoir trop de détails sur l'histoire de ce pays où ils sont nés et qui a vu naître et mourir leurs pères. Je serai largement récompensé de mes efforts si j'ai pu réussir à intéresser les uns et les autres.

Il me reste à adresser mes bien vifs et bien sincères remerciements à tous ceux qui par leurs précieuses indications ont bien voulu m'aider dans mon œuvre, et avant tous, à l'artiste distingué qui lui a prêté le concours de son beau talent.

Les Sables-d'Olonne, le 30 Juin 1897

H. R.

CHAPITRE PREMIER

I. Nantes

A SAINT-GILLES-CROIX-DE-VIE

(TRAJET DE 2 H. 1/2 A 3 H. 1/2, SUIVANT LES TRAINS)

DÉPART de Nantes par la gare du Chemin de fer de l'Etat (Prairie-au-Duc). — La voie ferrée sort de Nantes par un pont de fer jeté sur le grand bras de la Loire et que la hardiesse de sa construction a fait surnommer *Pont de la Contrition* et atteint, comme première station,

PONT-ROUSSEAU, sur le territoire de Rezé, l'ancienne ville gallo-romaine de *Ratiate*. Elle suit une série de hauteurs, d'où se déroule un très beau panorama de Nantes et de Chantenay et qui séparent le bassin de la Loire de celui du lac de Grand-Lieu.

HALTE DE LA CROIX-ROUGE, desservant Saint-Aignan, sur le lac de Grand-Lieu et Bouguenais, sur la Loire.

BOUAYE. — Belle vue sur le lac de Grand-Lieu. D'après la tradition, *Herbadilla*, une ville gallo-romaine reposerait sous ses eaux dormantes, d'où l'on retire des poutres équarries. On dit entendre, sur le lac, les cloches de la ville maudite, la veille des grandes fêtes. La science explique plus naturellement ce phénomène par la réflexion sur les eaux du lac du son des cloches de Nantes.

Le lac a une superficie de 7,000 hectares. Il est la propriété du comte de Juigné qui afferme la pêche par un chiffre très élevé. Le fermier général de la pêche sous-afferme aux pêcheurs qui habitent sur les rives dans plusieurs villages dont le plus connu est la Chevrolière. Les habitants de ce village se livrent à un très grand commerce de volailles qu'ils vont acheter sur le marché de Challans.

Il se produit dans le lac et sur tout le pourtour des alluvions boueuses très considérables, dûes aux rivières qui le traversent; on évalue la hauteur de ces alluvions à 14 ou 15 mètres et elles s'élèveraient, prétendent les ingénieurs, à $0^{m}01$ par an, soit 1 mètre par siècle. Il est depuis longtemps question du dessèchement du lac et ce projet finira par se réaliser.

BOUGUENAIS. — La station est éloignée de 4 kilomètres de la localité qu'on aperçoit sur la droite.

PORT-SAINT-PÈRE.— Près du confluent de l'Acheneau qui sort du lac de Grand-Lieu et du Tenu. La voie pour y arriver a traversé l'Acheneau et ses marais. Au mois de janvier 1589, Henri IV, alors roi de Navarre, allant assiéger la Garnache, fut atteint, à Port-Saint-Père, d'une pleurésie dont il faillit mourir.

SAINTE-PAZANNE, bifurcation, la voie de droite se dirige sur Saint-Hilaire-de-Chaléons où il y a une nouvelle bifurcation, pour Pornic et Paimbœuf; la voie de gauche vers Challans, La Roche-sur-Yon, Bordeaux. C'est sur celle-là qu'on continue. La première station après Sainte-Pazanne est

MACHECOUL (4,000 hab.). — Ancienne capitale du pays de Retz. — Jolie église moderne à deux flèches. — Ruines du château féodal des sires de Retz dont le plus célèbre a été Gilles de Retz (connu dans la légende sous le nom de *Barbe-Bleue*). Gilles de Retz fut de son temps un des plus grands seigneurs du royaume, maréchal de France et un des compagnons d'armes de Jeanne d'Arc. Mais les meurtres d'enfants, les infamies de toutes sortes, les invocations diaboliques dont il se rendit coupable, ont laissé de lui une mémoire exécrée et lui valurent d'être brûlé à Nantes par la main du bourreau, sur la Prairie-de-Mauses, le 26 octobre 1470, en même temps que deux de ses serviteurs, complices de ses crimes. Il mourut repentant après avoir fait en dehors de la torture, des aveux complets, et avoir demandé pardon de ses crimes à Dieu et aux hommes.

Machecoul a beaucoup souffert pendant les guerres de la Vendée et les massacres qui y furent commis par les bandes de Souchu sur les républicains, du 11 mars au 22 avril 1793 et qui entraînèrent de si cruelles représailles, ont rendu son nom tristement célèbre.

Après Machecoul, on traverse le Falleron et on quitte la Loire-Inférieure pour passer en Vendée.

BOIS-DE-CENÉ. — Butte féodale près la gare, traces de la voie romaine suivie par les moines de Noirmoutiers fuyant les Normands et transportant les cendres de saint Philbert.

En approchant de la station suivante, on aperçoit à une certaine distance, sur la gauche, le beau château de Fonteclause, construit par M. Baudry d'Asson. A peu de distance, se trouvait le manoir du même nom, où habitait Charette en 1793, au moment du soulèvement de la basse Vendée.

LA GARNACHE (3,386 hab.). — 13 kil. de Machecoul, 6 de Challans. — Très ancienne seigneurie de laquelle ont dépendu Beauvoir, l'Ile-d'Yeu et Noirmoutiers. Son château était très important, il soutint des sièges en 1419 et 1591, puis fut démantelé en 1622, par ordre de Louis XIII. Son donjon, grande tour carrée du XIIIe siècle, a été en partie abattu et transformé en magasin.

CHALLANS (5,274 hab.). — Situé entre le Bocage et le Marais. — Siège de transactions nombreuses et d'un grand commerce de bestiaux, de canards et de poulets dans ses marchés qui ont lieu tous les mardis. — Fours à chaux. — Point souvent pris et repris pendant la guerre de la Vendée et alors chef-lieu de district. — Courses de chevaux et sauts à la ningle.— Challans est de fait le chef-lieu du marais septentrional de la Vendée.

A peu de distance est, sur la commune de Soullans, le manoir de la Verrie, où Mlle de Lézardière écrivit son célèbre ouvrage intitulé : *Théorie des Lois politiques de la Monarchie française.* Non loin de cette habitation, se trouve un *Menhir.*

SOULLANS (2,169 hab.), donne son nom à l'un des bons marais de la Vendée, qui s'étend par la presqu'île de Soullandeau jusqu'au marais de Rié, dont il sera question plus loin. — Foires de bestiaux très importantes, le dernier mercredi de chaque mois.

COMMEQUIERS (1,861 hab.). — *(V. aux Excursions à la fin du Volume).* — A Commequiers, les voyageurs abandonnent le train qui les a amenés jusque-là et qui file sur La Roche, et attendent le départ de ce train pour monter dans celui qui fait le service de l'aiguille de Commequiers à Saint-Gilles-Croix-de-Vie.

NOTRE-DAME-DE-RIÉ (697 hab.). — Jolie église neuve dans le style romain. — Localité bien peu importante aujourd'hui, mais, qui, par sa situation, a joué dans l'Histoire un rôle assez remarquable *(V. aux Excursions).*

Un peu après avoir dépassé la station, la voie entre dans ce qui était autrefois l'île de Rié et dont elle ne sortira plus, puisque Croix-de-Vie où elle s'arrête, a été construite à l'extrémité sud de cette île. A sa droite, le voyageur peut voir s'étendre à perte de vue le commencement du marais septentrional de la Vendée qui s'étend de là sans discontinuer jusqu'à Bourgneuf-en-Retz et qui a environ 36 lieues de périmètre et 57,300 hectares de superficie ; il peut commencer à apercevoir çà et là quelques spécimens des *bourrines*, habitations des gens du marais, construites en terre et en chaume.

ST-HILAIRE-DE-RIÉ (2,811 hab.). — Belle vue sur le bassin de la *Vie*, les marais salants *(V. à la fin du Volume)* et enfin Saint-Gilles-Croix-de-Vie, qui apparaissent dans une très jolie situation au milieu de la verdure.

A droite, un peu avant d'arriver à Saint-Hilaire, on aperçoit les dunes boisées de l'Etat, qui s'étendent ainsi jusqu'à Saint-Jean-de-Monts et la Barre-de-Monts *(V. plus loin aux Excursions)*.

En partant de Saint-Hilaire, l'horizon s'élargit de plus en plus, on commence à respirer à pleins poumons la brise marine. Le grand phare de Croix-de-Vie se montre à gauche ; à droite, on aperçoit les chalets qui se trouvent sur le bord de la mer ; puis, enfin, le train arrive sur les quais de Croix-de-Vie après avoir laissé à droite, l'entrée du port. Enfin la locomotive s'arrête, on est en gare de

ST-GILLES-CROIX-DE-VIE.

SAINT-GILLES-CROIX-DE-VIE

La Gare, le Port & l'Eglise de Croix-de-Vie

II. La Roche-sur-Yon

A SAINT-GILLES-CROIX-DE-VIE

(TRAJET DE 1 H. 3/4 A 2 H. 1/4, SUIVANT LES TRAINS)

On prend à la gare de La Roche-surYon la ligne de La Roche à Nantes, par *Challans*. Après avoir passé l'embranchement des trois lignes de Nantes-Challans, Nantes-Clisson et Bressuire, on laisse à sa droite le champ de manœuvres, qui sert de champ d'exercices aux troupes de la garnison et de champ de courses. Les courses de La Roche qui ont lieu d'ordinaire au commencement de juillet et qui durent deux jours, sont extrêmement importantes. La première station qu'on rencontre est

LA GENÉTOUZE, dont on aperçoit sur sa droite, le modeste clocher. Rien de remarquable dans cette localité que son nom bizarre. Certains étymologistes ont voulu voir dans ce nom un souvenir de l'occupation des Anglais *(Genet house,* maison du genêt), mais cette étymologie n'est rien moins que vraisemblable, et il est préférable de rechercher l'origine de ce nom de La Genétouze dans le patois du pays. On arrive ensuite à

AIZENAY (4,173 hab.). — Riche commune. — Foires importantes les 1ers lundis de chaque mois. — Foires de bœufs gras en novembre, décembre et janvier.

Autant le sol de La Genétouze est maigre et ingrat, autant celui d'Aizenay qui est granitique, est riche et profond. Au sortir d'Aizenay, du côté de la route de Saint-Gilles, il y a des prés qui passent pour les meilleurs du pays.

Aizenay est une très ancienne localité; on a voulu même en faire la capitale des Agésinates, peuplade qui habitait notre littoral avant la conquête romaine, mais ceci n'a pas été bien démontré. Ce qu'il y a de certain, c'est que l'archidiaconé d'Aizenay est extrêmement ancien, certaines parties de son église peuvent remonter au XIIIe ou XIVe siècle.

Pendant les guerres de la Révolution, Aizenay a été souvent occupé tour à tour par les Vendéens et les Républicains. Lors de l'insurrection vendéenne de 1815, dans la nuit du 20 au 21 mai le général Travot, à la tête de 800 hommes, surprit dans Aizenay l'armée Vendéenne, forte de 8,000 hommes et commandée par M. de Suzannet, et la mit en complète déroute. Il existe une chanson en patois vendéen sur la *Bataille d'Aizenay*.

Après avoir dépassé Aizenay, on peut apercevoir sur la droite le château de la Maronnière, dans une fort belle situation, au milieu de ses prairies. Un peu plus loin on peut jouir d'un beau panorama, le joli clocher en pierre de taille qu'on aperçoit à l'horizon est celui de la *Chapelle-Palluau*.

COEX (1,741 hab.). — Du mot celtique *coet*, bois.

— Ainsi que son nom l'indique, c'est une très antique localité, dont l'origine se perd dans la nuit des temps et où il existait jadis un prieuré. Enfin peu après avoir dépassé Coëx, on peut voir à environ 2 kil. de la voie sur la droite, une vieille tour coiffée en poivrière et entourée d'arbres. C'est le château de l'Audardière qui, suivant la tradition du pays, avait servi d'exil à une ancienne maîtresse de Louis XIV et qui en tous cas a joué un certain rôle dans l'histoire du pays.

ST-MAIXENT-SUR-VIE (398 hab.). — C'est à la station de Saint-Maixent-sur-Vie qu'il faut descendre si on veut aller visiter (5 kil.) Apremont. *(V. aux Excursions).* Un peu avant d'arriver à la station, on peut apercevoir du reste sur la droite, les deux tours du château et l'église de cette localité. Le chef-lieu de la commune de Saint-Maixent est à environ 2 kil. de la station. Le village qu'on voit en arrivant s'appelle Dolbeau ; il s'est formé autour d'une minoterie dont la cheminée et la toiture s'aperçoivent dans la vallée et qui est exploitée par l'importante Maison Faucheux qui possède une autre minoterie à Saint-Gilles.

Presqu'aussitôt avoir quitté la station, le train traverse sur un pont en fer la rivière de *Vie,* qui va se jeter à la mer à Saint-Gilles, où nous la retrouverons. On aperçoit en passant le château moderne et le beau parc des Bretonnières qu'on appelle encore Vie, appartenant à Mme Emile Etienne, de Nantes.

COMMEQUIERS *(V. plus haut).* — A cette station,

les voyageurs pour Saint-Gilles-Croix-de-Vie abandonnent le train qui les a amenés jusque-là et qui se dirige vers Nantes, et attendent le départ de ce train, pour prendre comme il a été dit plus haut pour les voyageurs venant de Nantes, le train qui dessert l'aiguille de Commequiers à Saint-Gilles-Croix-de-Vie.

(Pour le trajet de Commequiers à Saint-Gilles-Croix-de-Vie, voir plus haut).

SAINT-GILLES-CROIX-DE-VIE

Vue générale des Plages

CHAPITRE DEUXIÈME

SAINT-GILLES-CROIX-DE-VIE

SITUATION GÉNÉRALE. - DIRECTION

En sortant de la gare, on se trouve sur les quais de Croix-de-Vie. Pour se rendre à Saint-Gilles, on doit suivre les quais en prenant à droite. On aperçoit de l'autre côté l'estuaire de la rivière de *Vie,* qui forme le port de Croix-de-Vie, des Dunes qui sont connues sous le nom de la *Garenne de Retz (V. aux Excursions)*; c'est là que se trouvent les chalets et la Plage dont nous parlerons plus loin.

On passe devant la Poissonnerie de Croix-de-Vie où se font les adjudications de Poissons ; puis on arrive à une petite Place où se voit encore une yeuse qui est l'arbre de la liberté planté en 1848 ; un peu à gauche est l'Eglise de Croix-de-Vie, toute nouvellement construite. Bientôt on s'engage dans une rue bordée de chaque côté de maisons et de magasins ; puis on débouche sur de nouveaux Quais qui s'étendent à gauche et à droite et on a devant soi de l'autre côté de la rivière qui est toujours la *Vie,* Saint-Gilles.

Après avoir traversé la rivière sur un beau pont de fer qui relie les deux localités, si on veut se rendre sur le bord de la mer, au lieu de pousser droit devant soi pour entrer dans Saint-Gilles, on prend toujours à sa droite et on suit les Quais jusqu'à un pont assez étroit, trop étroit même, qui a été jeté sur une autre rivière qui va se jeter dans la *Vie* et s'appelle le *Jaunay*, ainsi nommée de la couleur de ses eaux. Après avoir passé le *Jaunay*, on se trouve dans la Garenne de Raiz ou de Retz ; à droite et à gauche de la route on aperçoit des chalets : il y en a pour toutes les bourses, des petits comme des grands.

Chalets meublés de 100 à 500 francs par mois : Sainte-Odile, Bel-Air, les Deux-Sœurs, la Vie, Bébé, la Plage. — S'adresser à M. Bodin, propriétaire à Thouars (Deux-Sèvres).

Enfin une fois arrivé sur la hauteur et sur l'Esplanade du Casino ou Etablissement des Bains que M. Bascher, de Beaumarchais, le propriétaire de la Garenne a fait construire, on jouit d'une vue splendide sur l'Océan.

On aperçoit la grande jetée qui protège l'entrée du port de Saint-Gilles et de l'autre côté de l'eau, les chalets qui bordent les falaises de Croix-de-Vie et enfin tout à fait à l'extrémité de cette ligne de falaise, une sorte de promontoire assez élevé, sur lequel verdoie un petit bois de sapins, et devant ce promontoire, entouré de tous côtés par les eaux qui le recouvrent à peu près totalement dans les grandes marées, un gros rocher du plus pittoresque effet qui s'appelle *Pilours* (ce qui en langue celtique, veut dire *pillier*).

Si on reporte les yeux vers la gauche, on voit

s'étendre à perte de vue une superbe Plage bordée par la ligne des dunes. Cette Plage désignée sous le nom de Plage de Saint-Gilles, a depuis la jetée jusqu'au grand rocher de la Saulzaie, dont nous parlerons aux excursions, environ 6 kil. de longueur. A mer basse, c'est une piste incomparable pour les vélocipédistes et les cavaliers.

En montant sur le sommet d'une des Dunes on a un fort beau panorama, c'est ainsi qu'on voit les clochers suivants : A l'*Ouest*, clocher de Saint-Sauveur à l'Ile-d'Yeu (distance à vol d'oiseau, 30 kil.). — Au *Nord*, Saint-Hilaire-de-Riez, 3 kil.; Croix-de-Vie, 1 kil.; Soullans, 12 kil.; Notre-Dame-de-Riez, 6 kil. 1/2. — Au *Nord-Est*, Le Fenouiller, 4 kil. 1/2 ; Saint-Gilles, 1 kil. — A l'*Est*, l'Aiguillon-sur-Vie, 8 kil. — Au *Sud-Est*, La Chaize-Giraud, 10 kil.; Givrand, 5 kil.; Vairé, 17 kil. 1/2. — Au *Sud*, clocher de Bretignolles, 10 kil.

A la nuit, on peut voir briller les phares ci-après : A l'*Ouest*, le phare de la Pointe-des-Corbeaux à l'Ile-d'Yeu, 25 kil.; le grand phare de l'Ile-d'Yeu, 33 kil. 1/2. — Au *Nord*, le phare de Croix-de-Vie. — Au *Sud*, le phare des Baleines (Ile-de-Ré), 58 kil.; le phare de La Chaume, 24 kil.; le phare des Barges (près La Chaume), 24 kil.

Avant d'arriver à l'Esplanade du Casino, on peut prendre une route qui s'offre à droite, cette route qui suit le sommet des Dunes, est bordée de chalets jusqu'à ce qu'on ait atteint un endroit où la Dune se rétrécissant n'a pas permis une double ligne de chalets ; c'est cet endroit que les sœurs de Saint-Charles, d'Angers, ont choisi pour y placer un Etablissement.

Cette situation est admirable. De là, Saint-Gilles et Croix-de-Vie ne font qu'une seule ville et s'étalent gracieusement sur les deux rives de la *Vie,* montrant dans un pittoresque désordre, leurs clochers, les cheminées de leurs usines, leurs maisons aux toitures variées, avec le mouvement de leurs quais. Au-delà, tout à fait à l'horizon, on aperçoit l'Eglise de Saint-Hilaire-de-Rié. A gauche, les Dunes boisées et à droite les premières collines verdoyantes du Bocage, enfin, au premier plan, quand la rivière est grande, l'estuaire de la *Vie* et du *Jaunay* produit l'effet d'un grand lac, sur lequel on voit flotter les bateaux de pêche aux brillantes couleurs.

En suivant la ligne des Dunes on arrive à un endroit d'où on a une très belle vue sur l'entrée du port et les falaises de Croix-de-Vie. Cette promenade est surtout recommandée au moment du coucher du soleil et de la rentrée des bateaux de pêche. On peut la prolonger jusqu'à la grande jetée qui a été construite pour empêcher les sables de combler l'entrée du port. Malheureusement elle n'empêche pas ceux des Dunes du côté de la rivière de s'y déverser chaque jour davantage. De la jetée on peut revenir à son point de départ, soit en prenant le même chemin, soit en suivant la Plage, soit en suivant le bord de la rivière ; on trouve même fréquemment des barques qui, pour quelques sous, vous passent à Croix-de-Vie. Depuis longtemps il est question de l'établissement d'un Bac qui assurerait régulièrement ce service pendant la saison d'été.

Revenons maintenant à la sortie de la gare de Croix-de-Vie. Si au lieu de tourner à droite, le voyageur qui débarque prend sa gauche, il passe devant un certain nombre d'usines de conserves qui faisaient autrefois la fortune du pays, mais dont plusieurs sont fermées depuis quelques années par suite de la presque disparition de la sardine, et dont les autres confisent du thon en attendant que des années favorables ramènent la sardine. Il se trouve bientôt en face de l'entrée du port ; en prenant toujours à gauche, il traverse la voie ferrée sur un passage à niveau, passe devant le hangar qui abrite le bateau de sauvetage et la route s'élevant par une pente très douce le conduit vers des falaises d'où il voit la grande Jetée de Saint-Gilles, la Plage et les Chalets. Tout le long de cette route sont construits des chalets dont quelques-uns sont fort beaux, la route tourne bientôt à gauche derrière une petite jetée protégeant l'entrée du port contre l'ensablement du côté de Croix-de-Vie et on a devant soi une petite Plage qui s'appelle la Plage de Boisvinet.

La route continue le long des falaises, toujours bordée de villas et de chalets et elle prend fin à l'extrémité de la commune de Croix-de-Vie à une petite Plage abritée par des falaises et qu'on appelle la *Pelle à Porteau*, originairement *Pella Porto* (portugais), porte du port.

En continuant à pied, à cheval ou à âne sur le chemin non carrossable qu'on a devant soi, on arrive aux Bussoleries et à Sion, mais nous reparlerons de cette belle promenade au chapitre des Excursions.

Auparavant, nous allons jeter un coup d'œil sur l'Histoire des deux localités que nous venons de traverser.

CHAPITRE TROISIEME

HISTOIRE

I. — Les Origines

Les monuments mégalithiques assez nombreux dans tous les environs de Saint-Gilles et que nous indiquerons plus loin dans nos excursions indiquent, à n'en pas douter, que toute la région avoisinant cette localité a été très anciennement peuplée.

D'après la tradition il avait existé à l'embouchure de la *Vie* (1) qui formait alors un vaste estuaire, un grand port qui s'étendait jusqu'à Rié qui était alors le centre le plus considérable de la contrée.

Ce qu'il y a de certain, c'est que la tour de la *Tonnelle,* commune de Fenouiller, monument gallo-romain, semble avoir été une tour à signaux ; qu'un vieux chemin, nommé le Chemin-

---

(1) Les archéologues ne sont pas bien d'accord sur l'étymologie du mot Vie, les uns et de beaucoup les plus nombreux veulent en voir l'origine dans le mot latin VIA, route ; d'autres soutiennent que Vie vient du mot celtique VIR, voir, qui veut dire gué ou passage sur une rivière et prétendent qu'on devrait dire la VIRE.

Vert, conduit de Romanguy (gué roman ou gué romain) commune du Fenouiller à Saint-Gilles, en débouchant par le *chemin ferré*, et que le nom de cet ancien chemin indique une voie romaine.

Ce qu'il y a de plus important encore, et ce dont les archéologues qui ont écrit sur la question ne paraissent pas avoir tenu assez compte, c'est qu'une voie romaine partait de *Durinum*, aujourd'hui Saint-Georges-de-Montaigu, établissement romain important, qu'elle se dirigeait sur Les Lucs, puis de là sur La Chapelle-Palluau, Aizenay et La Chapelle-Hermier, en suivant la vallée du *Jaunay*, puis toujours en suivant cette vallée sur l'Aiguillon-sur-*Vie* et Saint-Gilles. Le fameux *Portus secor*, dont parle le géographe Ptolémée et que les archéologues ont voulu placer successivement à l'embouchure du Payré près de Talmont, au Pont-Habert, près de Challans, et enfin à Pornic, pourrait donc aussi bien avoir été à Rié.

Quoi qu'il en soit, il n'est pas douteux qu'il existait sur l'emplacement actuel de Saint-Gilles ou aux environs un établissement romain, ainsi que le démontrent la découverte d'une poterie gallo-romaine dans le champ de la *Chapelle* (1); une monnaie de bronze de Vespasien trouvée au même lieu et enfin et surtout l'établissement des Moulières de la Bodelinière, industrie toute romaine, dont nous parlerons plus loin.

---

(1) C'est sur le champ de la Chapelle qu'a été dressé le calvaire de Saint-Gilles, sur la route d'Aizenay.

On pense que des religieux partis du monastère de la vallée Flavienne en Languedoc, fondé en l'honneur de saint Gilles, noble athénien, qui attiré en Gaule par le renom de saint Césaire d'Arles, y mourut en odeur de sainteté vers le milieu du VIe siècle, vinrent se fixer sur l'emplacement actuel de Saint-Gilles et y bâtirent un monastère fortifié, auquel ils donnèrent le nom de leur patron. Les habitants se groupèrent peu à peu autour de ce prieuré, et lors de l'invasion des pirates Normands se réfugiaient dans l'enceinte fortifiée.

Plus tard, lorsque le temps des incursions fut passé, le parapet fut démoli et les douves remblayées devinrent le cimetière de Saint-Gilles. Des fouilles exécutées à différentes époques pour les constructions voisines de l'église, ont fait reconnaître la ligne des fossés et la direction des anciennes fortifications.

II. — Au Moyen-Age

Dès le XIVe siècle, époque à laquelle remonte la partie la plus ancienne de l'Eglise, Saint-Gilles avait pris une certaine importance « aux travailleurs de la mer », nautonniers ou pêcheurs, serfs, manants, censitaires ou petits estagiers (1), qui avaient bâti leurs maisons le long de la grève

---

(1) D'ESTAGIUM, domaine tenu à cens; on dit encore à Saint-Gilles, les petits ESTAGERS pour les colons ou petits propriétaires.

et sur la rue Bournoya (Bourgneuf), les groupant de préférence autour du prieuré de « Monseigneur Saint-Gilles », étaient venus se joindre différents seigneurs dont on retrouve les *houstels* ou maisons nobles, spacieuses habitations, entourées de granges et servitudes, disséminées dans les différents quartiers de Saint-Gilles. Ce sont la Cour de Saint-Gilles, l'Hôtel du Bois, celui de la Charoulière, appartenant aux Eveillard, aux Mauclerc, aux Montausier.

A cette époque, du reste, l'aspect général de Saint-Gilles était fort agréable, de grands bois y procuraient la fraîcheur et servaient aux besoins du pays. Des arbres séculaires existaient jusque dans la ville et des noms attestent encore la position de ces ombrages disparus : les *Allées,* la *Rue du Bois,* la *Bevraie.* Beaucoup de ces arbres ont disparu pendant la tourmente révolutionnaire et les derniers, ceux des allées, ont été abattus lors de la construction de la route de Saint-Gilles au Pas-aux-Petons.

Le port de Saint-Gilles était devenu florissant par suite de l'impossibilité de faire remonter les navires jusqu'à Rié. Des bâtiments de 100 à 120 tonneaux qui étaient alors de gros navires y rentraient facilement, et c'est alors que le mouvement du port et les transactions commerciales avaient amené la création d'un siège de justice seigneuriale, qui dépendait des vicomtes de Thouars, seigneurs de Saint-Gilles jusqu'à la fin du XIVe siècle. En 1397, à la mort de Péronnelle, fille de Louis Ier, vicomte de Thouars, et veuve d'Amaury de Graon et en secondes noces de Clément Rouhault de Boisménard, dit *Tristan le Voyageur*, la vicomté de Thouars passa avec la seigneurie de Saint-Gilles, dans la famille d'Amboise. Pierre II d'Amboise, fils d'Isabeau, sœur de Péronnelle, mourut en 1428. Son fils, Louis d'Amboise, se vit confisquer sa vicomté de Thouars à deux reprises différentes par les Rois de France. Lors de ces confiscations, certaines seigneuries vassales en profitèrent pour sortir de la mouvance directe de Thouars; la baronnie d'Apremont qui, plus tard, entendit ne relever que du roi, annexa à cette époque la châtellenie de Saint-Gilles à son domaine direct. Mais Louis d'Amboise ne laissa pas périmer ses droits et revendique, dans un acte du 21 mai 1437, le titre immémorial de seigneur de Saint-Gilles.

Cependant, les barons d'Apremont continuèrent d'affirmer leurs prétentions et à partir de 1515 apposèrent à Saint-Gilles, d'une manière définitive, leurs scels sur les contrats, bien que les vicomtes de Thouars aient persisté jusqu'à la fin du XVIe siècle à maintenir à Saint-Gilles leur vieux scel ès contrat *(V. pour les barons d'Apremont, l'Excursion à Apremont)*.

En 1468, pendant la guerre dite du *Bien public*, alors que Saint-Gilles se trouvait sous la domination de Renaud Chabot, seigneur de Jarnac et d'Apremont, qui avait épousé Isabeau de Rochechouart, laquelle lui avait apporté la baronnie d'Apremont et la seigneurie de Saint-Gilles, trois mille Bretons avaient été assiéger le baron dans son château d'Apremont pour délivrer des prisonniers qu'il leur avait fait. Le baron rendit les prisonniers, mais à la condition qu'il ne serait fait aucun mal à sa terre, ni à lui. Violant la capitulation, les Bretons se rendirent à Saint-Gilles, pillèrent le bourg et emmenèrent 200 habitants en captivité. Louis de Belleville, seigneur de Montaigu, se proposait avec l'aide du Roi de France, de venger cet odieux attentat, lorsque Louis XI, signa avec le duc de Bretagne, le traité d'Ancenis qui mit fin aux hostilités.

Par acte de vente du 1er janvier 1552, Jean de Brosse, baron d'Apremont, se dessaisit au profit de maître Guillaume Daniau, demeurant à Apremont, des droits de *seigneurie, propriété et possession en la terre, seigneurie et châtellenie de Saint-Gilles, pour la tenir à droicts de moyenne et basse juridiction, sous l'hommage de la baronnie d'Apremont,* moyennant 1,200 livres tournois et le 6 novembre 1553, il cédait au même les droits de châtel, châtellenie, haute-justice à Saint-Gilles, moyennant 225 livres tournois.

La vente ayant été faite pour une somme dérisoire la tutrice des héritiers de Jean de Brosse, puis son gendre Philippe Emmanuel essayèrent de la faire annuler, mais ils n'y purent parvenir.

L'origine des nouveaux seigneurs de Saint-Gilles était très humble, c'étaient d'honnêtes gens enrichis à la longue par la culture de la terre ou dans les minces charges de notaires ou d'officiers de justice de la baronnie.

SAINT-GILLES-CROIX-DE-VIE

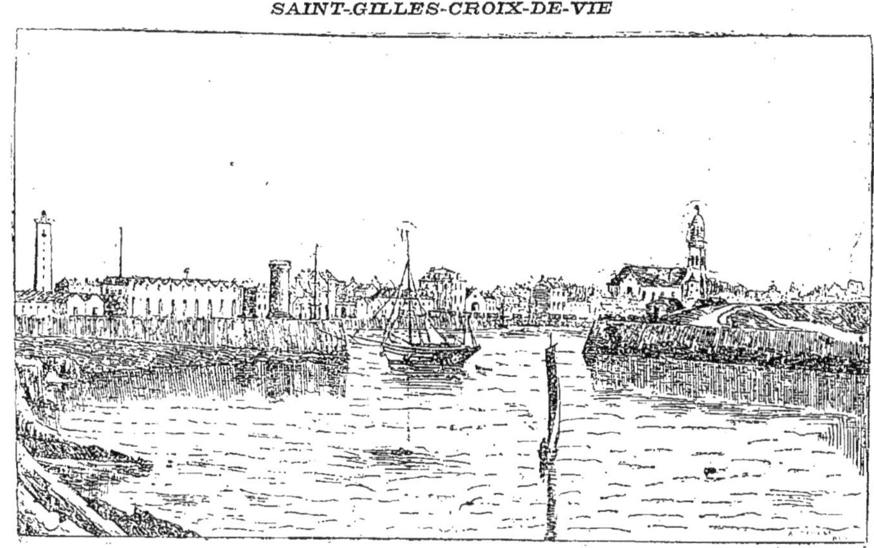

L'Entrée du Port

Guillaume Daniau, devenu seigneur de Saint-Gilles, épousa Perrette du Jardin, fille de Pierre du Jardin, écuyer, sieur de Limoulliet, dont il eut un fils Pierre, encore mineur à sa mort. Sa veuve se remaria à Julien Mauclerc, seigneur du Ligneron, que nous retrouverons plus loin.

III. — Garcie Ferrande et son grand Routier de la Mer

Nous ne pouvons pas avancer plus loin dans l'Histoire de Saint-Gilles, sans parler du personnage le plus célèbre auquel cette localité ait donné le jour : *Pierre Garcie, dit Ferrande,* l'illustre auteur du *Grand Routier de la Mer.*

D'après la forme de ses nom et surnom, on peut conjecturer presqu'avec certitude qu'il était d'origine espagnole ou portugaise. Son père, navigateur, sans doute, ayant eu occasion de venir en France et de débarquer à Saint-Gilles-sur-Vie, s'y était marié avec une femme du nom de Jehanne Olivier, fille de Pierre et de Catherine Averty. Les renseignements qu'on possède permettent de penser que Garcie Ferrande naquit à Saint-Gilles, d'où était et où résidait sa mère, de 1430 à 1440. Il devait, en effet, avoir environ 50 ans, en 1483, date de la dédicace de son *grand Routier de la Mer*. D'un acte de 1472, où figure Jehanne Olivier, veuve Garcie Ferrande, demeurant à Saint-Gilles, il résulte qu'il était seul d'enfant ou du moins qu'il avait survécu seul, puisqu'il est qualifié son unique héritier. Ayant suivi la même carrière que son père, il dût naviguer longtemps. Les épreuves subies, l'expérience acquise dans ses aventures de mer, lui inspirèrent l'idée de rédiger un *Routier* ou Guide-Marin, comme on dirait aujourd'hui, au profit d'un filleul nommé Pierre Imbert, qu'il avait eu sans doute tout jeune à son bord et qu'il paraît avoir beaucoup affectionné, comme aussi en vue d'un intérêt général.

Quelqu'imparfaite que soit restée cette première tentative, elle n'en est pas moins méritoire. Il est donc juste que l'Histoire des progrès de la navigation en tienne compte à l'homme qui la conçut et l'exécuta comme il pût. Ce philanthrope n'était pas, du reste, un homme vulgaire, outre qu'il avait observé beaucoup de choses, il résulte de son livre, qui respire ce charme de naïveté des vieux auteurs, qu'il reçut quelque instruction et possédait même une teinture de latin avec des notions de droit. En marge des décisions ou jugements d'Oleron qu'il rapporte, il cite des textes de lois romaines ou canoniques.

Tandis que la dédicace du livre à son neveu Pierre Imbert est de 1483, la première édition connue, imprimée par Enguilbert de Marnef, imprimeur à Poitiers, en vertu d'un privilège de François Ier est de 1520. Dans ce privilège, Pierre Garcie Ferrande, est qualifié « l'un des expéri-
» metez maistres de navires qui sont aujourd'huy
» et le plus cognaissant en *navigaige* ». Le vieux marin existait donc encore à cette époque, et il

avait de 80 à 90 ans. Le livre de Garcie Ferrande resta, durant plus d'un siècle, comme le manuel des navigateurs. Dans ce laps de temps il fut plusieurs fois réimprimé en France et même traduit à l'étranger.

En dehors de la première édition de 1520, dont le seul exemplaire connu est à la Bibliothèque de Niort, les différentes autres réimpressions sont les suivantes : Rouen, 1521, imp. Jehan Burges; 2e édition, Poitiers, 1542, qui a servi à Pardessus pour la reproduction du rôle ou jugements d'Oleron, dans sa collection de lois maritimes; La Rochelle, 1560, imp. par Barthélémy; Rouen, 1576, imp. par Richard Lallemant; enfin la dernière de toutes les éditions, revue et corrigée, fut imprimée à Rouen chez David Ferrand en 1632. Toutes ces éditions sont excessivement rares.

IV. — La Réforme à Saint-Gilles

Le protestantisme fut introduit à Saint-Gilles vers 1560, par un prédicant, disciple de Calvin, nommé Philippe Véron, qui, pour ne pas être reconnu, avait pris le surnom de *Ramasseur battit aux Champs,* et qui, parcourant notre littoral, jeta à La Chaume, à Talmont et à Saint-Gilles, les germes du Calvinisme. Ses premiers adeptes à Saint-Gilles furent des mariniers, capitaines de barques ou matelots. La nouvelle religion fut puissamment protégée par le calviniste Julien Mauclerc, seigneur du Ligneron, qui venait d'épouser Perrette du Jardin, veuve de Guillaume Daniau, seigneur de Saint-Gilles et était tuteur de son fils en bas-âge. (1)

D'un autre côté, les Montausier de la Cour de Saint-Gilles, de la Motte-Ruffé (en l'île de Rié), étaient les plus riches seigneurs fonciers de Saint-Gilles. Ils y possédaient avec leur allié calviniste François Auber, seigneur de la Roche en Saint-Vincent-sur-Graon, qui avait épousé Renée de Montausier, dame de la Cour de Saint-Gilles, les hôtels nobles et seigneuries de la Cour-Rouge, du Bois et fief des Vavasseurs et de la Charoulière. Plusieurs d'entre eux ayant adopté la réforme, celle-ci s'appelait à Saint-Gilles « la Religion des Seigneurs ». Ce fut sur le terrain d'un des Montausier et sur le fief de la Charoulière, rue de la maison noble du Bois, qu'un temple fut construit pour la nouvelle religion. Ce temple était sur l'emplacement de l'Ecole des Sœurs actuelle.

Après la Saint-Barthélémy, le ministre protestant de Saint-Gilles qui s'appelait Genet, s'empressa de fuir et d'aller se réfugier à La

---

(1) Julien Mauclerc, seigneur du Ligneron, de Puysec et de Romangui, avait reçu une instruction distinguée. Après avoir suivi la carrière des armes sous Henri II, il se consacra aux beaux-arts et mania aussi bien le crayon et le compas, qu'autrefois l'épée. On lui doit un volume intitulé : TRAITÉ DE L'ARCHITECTURE SUIVANT VITRUVE. En outre, dans l'atelier de son château du Ligneron (commune de Coëx), où il habitait, il modelait des poteries artistiques à la manière de Bernard de Palissy.

Rochelle. De son côté, le curé de Saint-Gilles qui était à cette époque messire François de Gounor, fut bientôt contraint, lui aussi, de se dérober aux violences des seigneurs et d'abandonner son Eglise et sa paroisse pour aller se réfugier à Nantes avec plusieurs autres « gens d'Eglise » 1574. (1)

L'année suivante, Les Sables étaient pris et pillés par les protestants. La guerre religieuse fut à l'état permanent dans nos campagnes de 1575 à 1594, et ce n'est qu'en 1595 que l'abjuration d'Henri IV mit enfin un terme à ces luttes désastreuses.

Lors du célèbre Edit de Nantes (août 1598), l'Eglise réformée de Saint-Gilles n'avait pas de Ministre à elle. Elle était une annexe de La Chaume, et était desservie par le ministre Vatable qui représentait les deux Eglises au synode provincial de Saint-Maixent.

Les Huguenots de Saint-Gilles obtinrent pour pasteur en 1603, Jacques Arthuys de Villesaison qui y resta jusqu'en 1622 et qui eut pour successeur à Saint-Gilles, le pasteur Pontier. En vertu de l'art. 28 de l'Edit de Nantes, les Catholiques de Saint-Gilles durent faire à leurs frais l'acquisition d'un cimetière destiné à leurs compatriotes de la religion réformée. Ce cimetière fut établi en fief du Bois, près du moulin de la Grue. (2)

(1) D'après les Registres baptistaires.

(2) Ce cimetière occupait l'emplacement de l'ancien jardin Joubert.

Après la mort d'Henri IV, la guerre religieuse se déchaîna de nouveau sur nos côtes pendant plusieurs années. C'est pendant l'une de ces périodes troublées que s'accomplit la destruction presque complète de l'Eglise, d'après la tradition formelle du pays, bien qu'il ne reste aucune trace dans les archives. Il n'était resté debout que le bas côté nord, la tour du clocher et une partie de la muraille du chevet.

Pendant l'année 1613, la paroisse jouissait d'une tranquillité relative; les Catholiques entreprirent de reconstruire leur Eglise. Mais l'argent et l'expérience leur faisant défaut, ils n'aboutirent qu'à une restauration fort misérable dont les traces disparurent lors de celle mieux entendue, quoique pas encore parfaite, il s'en faut de beaucoup, qui eut lieu en 1873.

V. — Fondation de Croix-de-Vie

A LA fin du XVIe siècle, le mouvement commercial du port de Saint-Gilles commençait à devenir assez sérieux et la population s'accroissait ; mais les constructions restaient enserrées entre le port et les différents fiefs dont les seigneurs refusaient d'aliéner la moindre parcelle, aussi aucune construction n'était désormais possible sur la rive gauche de la Vie.

C'est alors que, mieux avisés, les sires de Montausier, auxquels appartenaient la seigneurie de la Mothe-Ruffé et la pointe sablonneuse de l'île de Rié qui se trouvait à l'embouchure et sur la rive droite de la Vie, eurent l'idée de concéder, sous forme d'*accensement,* c'est-à-dire moyennant le paiement d'une rente perpétuelle ou *cens,* de nombreux « lopins de terre sabline » aux mariniers en quête de logement. La concession était faite à vil prix, mais les preneurs contractaient l'obligation de bâtir de suite. C'est ainsi que se construisit Croix-de-Vie à la fin du XVIe siècle et au commencement du XVIIe. Bientôt les nouveaux habitants adressèrent une supplique aux baronnes de Rié : Marie de Beaucaire, princesse de Martigues, duchesse et douairière de Penthièvre ; dame des Essarts et sa fille Marie de Luxembourg, qui avaient acheté le 22 février 1607, de Timoléon de Montausier, le fief de la Mothe-Ruffé, avec les droits annexés et qui à ce moment restauraient à grand frais le port de Saint-Gilles en construisant le *grand Môle* et le quai de la *Fosse à la Dou*, afin d'obtenir l'édification d'une chapelle de secours desservie par un prêtre, la dite fondation faite et dotée par elles.

Les deux princesses qui étaient d'ardentes catholiques accédèrent avec empressement à cette demande et firent procéder à un dénombrement de la population pour savoir quelles proportions la nouvelle chapelle devrait avoir. Il résulte de ce recensement que Croix-de-Vie comprenait alors 180 familles : 160 Catholiques et 20 appartenant à la Religion réformée.

Après plusieurs plans et contre-projets, les baronnes de Rié acceptèrent finalement de construire aux habitants catholiques de Croix-de-Vie une église « le tout étoffé de pareille forme, fasson et matière qu'était une chapelle située au grand cymetière de Saint-Gilles ». (1)

L'une de leurs amies, Mme de Royan, veuve de Gilbert de la Trémouille, comte des Olonnes, baron d'Apremont, fut priée par elles de surveiller en leur absence les travaux de leur Eglise qui fut construite sur un « emplacement de terre sabline » vendu le 11 décembre 1610 par Jacques Milcent, marchand maréchal et Catherine Sémelin, son épouse, à Mme Marie de Beaucaire. Les matériaux pour la construction de l'Eglise provinrent principalement de la démolition du château de Rié.

L'acte de fondation de la Chapelle de Croix-de-Vie par Marie de Beaucaire, veuve de Sébastien de Luxembourg est du 26 janvier 1613 ; il porte qu'il sera célébré à son intention trois messes par semaine, l'une de la Sainte-Croix, une de Notre-Dame et la troisième de Saint-Sébastien. La fondatrice dotait la chapelle « d'une métairie, d'une maison, de 47 journaux de pré, 15 charruies et 8 boisselées de terre labourable ». A la suite de cet acte se trouve l'approbation de Richelieu. (Signé : Armand, évêque de Luçon).

Croix-de-Vie fut érigée en paroisse le 5 août

(1) Cette Chapelle du cimetière de Saint-Gilles tombait en ruines. On dut vraisemblablement la démolir en 1613 et employer les matériaux à la reconstruction de l'Eglise. On retrouve souvent les vieilles substructions de cette Chapelle en creusant les tombes.

1690, par Mgr Henri de Barillon, évêque de Luçon. L'ancienne Eglise de Croix-de-Vie a été démolie en 1896 pour faire place à l'élégante Eglise actuelle dans laquelle on remarque surtout la magnifique Chaire en pierre, sculptée par un grand propriétaire artiste de Croix-de-Vie, M. de Léon des Ormeaux.

VI. — Saint-Gilles attaqué par les Protestants (Mars 1622)

Le calme qui durait depuis une dizaine d'années ne devait malheureusement pas se prolonger. En janvier 1622, le chef des Protestants, le prince Benjamin de Rohan, seigneur de Soubise, qui est resté légendaire dans notre région sous ce dernier nom, se jetait en Bas-Poitou avec 3,000 soldats.

Le 1er mars, il s'emparait de Luçon où, sept jours durant, il saccageait la Cathédrale et le trésor de ses archives ; bientôt il occupait Mareuil, battait le régiment de Champagne sous les murs de Talmont et venait mettre le siège devant Les Sables.

Obligée de se rendre, la Ville était livrée au pillage pendant deux heures. Les Protestants se livraient à tous les excès imaginables, les Eglises étaient dévastées et ne conservaient, d'après les documents de l'époque, que leurs quatre murs.

Quelques jours après, repoussé de Mareuil,

Soubise se dirigeait sur Saint-Gilles, dévastant tout sur son passage.

« Au premier cri d'alarme (1) le tocsin sonne » dans le beffroi de l'Eglise, les habitants accou- » rent et se concertent, le souvenir des atrocités » passées, la crainte du pillage général, la vue » surtout de leur chère Eglise rebâtie au prix » de tant de sueurs et d'argent, et contre laquelle » vont se ruer une seconde fois les bandes des » Huguenots abhorrées, excitent chez tous une » émulation de courage qui décuple les forces en » face du danger extrême ; bourgeois, artisans, » mariniers, laboureurs, tous sont debout, ils » savent que les parjures en cas de capitulation, » leur réservent le sort de leurs voisins des » Sables. Tous donc jurent de soutenir une lutte » à outrance *pro aris et focis.* »

On éleva à la hâte quelques retranchements. Soubise se présente à la tête de 7,000 hommes, 600 chevaux et 7 canons. La petite ville est bientôt investie du côté de la campagne et l'attaque commence. Mais les habitants soutiennent sans lâcher pied le choc des assaillants et se battent en désespérés, tuent 50 à 60 hommes à l'ennemi et finissent par le mettre en déroute.

Soubise qui s'attendait à occuper Saint-Gilles sans résistance rallie à grand peine les fuyards et les emmène vers les Moutiers et Talmont chercher meilleure fortune.

---

(1) Abbé Pondevie, LA RÉFORME A SAINT-GILLES.

VII. — Campagne de Louis XIII dans l'île de Rié

C'est à ce moment que se place l'évènement le plus important de notre histoire locale.

Louis XIII qui était alors âgé de 20 ans, irrité de ce que les Protestants eussent recommencé leurs ravages malgré les promesses formelles qu'ils avaient faites après la prise de Saint-Jean-d'Angély, s'était décidé à venir les combattre en personne. Il était parti de Paris le 20 mars 1622 et était arrivé à Nantes, accompagné d'un grand nombre de hauts personnages, parmi lesquels, on remarquait avec Richelieu, le prince de Condé, le comte de Soissons, le cardinal de Retz, l'archevèque de Rouen, le duc de Vendôme, le maréchal de Bassompierre, qui a laissé des Mémoires précieux sur la campagne, etc., etc. Le 11, il avait reçu des députés des Sables et du Bas-Poitou qui étaient venus se plaindre des exactions et des ravages commis par les gens de Soubise.

Le Roi ayant appris que Soubise arrêté dans sa marche sur la Bretagne par la présence du Roi à Nantes, se dirigeait vers les îles de Rié et de Mont avec l'intention de s'y loger, se décida à marcher immédiatement contre lui malgré l'avis de plusieurs de ses Conseillers qui auraient voulu qu'il attendit l'arrivée de son artillerie. Le comte de La Rochefoucauld qui se trouvait devant le château de La Chaume avec ses troupes, reçut l'ordre de venir rejoindre le Roi par Apremont.

Soubise avait avec lui 7,000 hommes, 800 chevaux et 7 pièces de canon. Ses principaux lieutenants étaient le comte de Marennes, La Mothe-Saint-Surin, Vandoré, Bellébat et Rollandière.

L'armée royale était composée de 8,000 hommes d'infanterie, comprenant : le régiment des gardes françaises, commandé par Louis de Marillac ; les Suisses conduits par Bassompierre ; puis les régiments de Navarre et de Normandie : le premier, dirigé par Jacques de Clérembault, seigneur de Chantebuzain et Palluau, frère du maréchal de ce nom ; le second, par Frontenac. La cavalerie formée de gendarmes de la garde du Roi, des chevau-légers et d'une compagnie de carabiniers, était aux ordres de Schomberg, depuis maréchal, de Zamet et de Desplans.

Les forces sous les ordres de La Rochefoucauld étaient composées indépendamment d'un grand nombre de volontaires de la noblesse poitevine, de trois régiments d'infanterie dont l'un aux ordres de Châtellier-Barlot un des meilleurs hommes de guerre de son époque.

Après avoir investi le Fort de La Chaume qui paraissait être le point d'appui des opérations militaires de l'armée Calviniste, La Rochefoucauld, bien que ses forces fussent moitié moins considérables que celles de Soubise, se mit à sa poursuite par Olonne et Vairé, d'où il envoya le régiment de la Bergerie pour occuper Saint-Gilles, puis après avoir chargé M. de Lézardière, d'aller se mettre à la tête des habitants qui voudraient concourir à la défense de l'île de Rié, se mit en marche dans la direction d'Apremont, comme il en avait reçu l'ordre.

Pendant ce temps, l'armée royale était arrivée à Challans le 14 avril, vers deux heures de l'après-midi. Le Roi prit gîte à la Coursaudière, chez le sieur Massé de Grousseau, et on se prépara sérieusement à l'attaque qu'on jugeait devoir être très chaude.

« Les gens du Roi allaient en grande dévotion, » croyant fermement que le dit sieur Soubise » rendrait combat. La raison est que moi, Ger- » main Regnaudineau, curé de Challans, fus, » depuis le jeudi 14, à sept heures après-midi, » jusqu'au samedi 16, jour et nuit à confesser et » communier ». (1)

Malgré la résistance des habitants commandés par Lézardière, Soubise était entré dans l'île de Rié, retranché dans cette île comme dans un fort inexpugnable, protégé d'un côté par la mer, d'un autre par les eaux profondes de la *Vie*, d'autre part enfin par les canaux et la fange des marais, il s'y croyait en sûreté.

Le vendredi 15 avril, après avoir entendu la messe à trois heures du matin, le Roi se rendit devant Rié.

Marillac, le maréchal de Vitry et le prince de Condé avaient été dirigés sur le Perrier avec les gardes françaises et les régiments de Navarre et de Normandie, ils avaient l'ordre d'attaquer l'île de Rié de ce côté, pendant que La Rochefoucauld

(1) Registres baptistaires de Challans, avril 1622.

qui après un engagement heureux avec Soubise avait opéré sa jonction avec l'armée royale sur le plateau des Habites, et dont le roi avait passé les troupes en revue, était chargé de l'attaquer du côté de Saint-Gilles et de Rié sous les yeux même du Roi.

Plusieurs attaques eurent lieu sans succès et le Roi reçut un boulet de canon tout près de lui. Pendant qu'en attendant une nouvelle attaque, il dînait dans une grange vis-à-vis de Rié, le prince de Condé lui fit dire qu'il était en possession de l'île du Perrier et qu'il n'y aurait aucune difficulté d'entrer de là dans celle de Rié. Le roi quitta aussitôt son dîner, monta à cheval et se rendit, après avoir traversé le Perrier, à 4 lieues de là, à la ferme de l'*Epine*, dans l'île de Mont, où à 8 heures il soupa sur le sable. Dans cette journée, il avait été 15 heures à cheval. En attendant que la descente de la marée permit de passer le canal de Besse qui séparait alors l'île de Mont de celle de Rié, le Roi dormit deux heures, couché tout habillé sur de la paille.(1) A minuit on le réveilla, il monta à cheval et en moins d'une demi-heure il traversa le canal de Besse à la tête de sa cavalerie. L'infanterie qui s'était présentée au gué de l'Epine l'avait trouvé impraticable et avait été obligée de rebrousser chemin ; elle passa par le même endroit que la cavalerie en ayant de l'eau jusqu'à la ceinture. Après avoir fait allumer des feux pour réchauffer les soldats et leur avoir fait distribuer

(1) Mercure Français, t. VIII.

des vivres, le Roi mangea au milieu d'eux sur le gazon, puis après avoir pris quelques instants de repos il se prépara au combat.

On était au samedi 16 avril. L'armée royale se mit en marche dès la pointe du jour : le maréchal de Vitry et Bassompierre étaient en avant-garde avec les carabiniers. Le prince de Condé occupait la droite avec les chevau-légers, et le comte de Soissons la gauche avec la compagnie de Guise. Le duc de Vendôme avait été placé à l'arrière-garde avec la compagnie de Châteaubriant, des Roches-Baritaud et un certain nombre de gentilshommes.

Le Roi, monté sur un superbe genêt d'Espagne blanc, marchait au centre avec sa compagnie de gendarmes. Mais en approchant du bourg de Rié, l'avant-garde apprit que ce bourg avait été évacué. En effet Soubise qui ne se sentait pas la conscience en paix et qui avait tout à craindre s'il tombait dans les mains du Roi après le parjure dont il s'était rendu coupable, s'était enfui à la tête de 150 cavaliers en traversant la rivière à la nage entre Croix-de-Vie et la Garenne et se dirigeait vers Bretignolles, abandonnant tout le reste de son armée à la merci des troupes royales.

Les soldats protestants remplissaient les maisons de Croix-de-Vie, un grand nombre étaient montés sur les bateaux marchands qui se trouvaient dans le port et faisaient de vains efforts pour gagner le large, la mer étant basse. C'est à ce moment que le prince de Condé arrivant par Saint-Hilaire, tomba sur eux et en fit un vrai massacre ; beaucoup d'hommes se jetèrent dans la *Vie* pour regagner les bâtiments et s'y noyèrent.

« Le Roi, dit une relation du temps, arrivait au
» galop au milieu du massacre et se jetant dans
» l'horrible mêlée, faisait des efforts inouïs pour
» sauver la vie des vaincus. Il les rachetait des sol-
» dats et des paysans pour les employer à sa ma-
» rine, aimant mieux en peupler ses galères que
» les enfers. 2,500 corps inanimés étaient étendus
» çà et là, tandis que la marée montante, pour
» ajouter à l'horreur de cette scène, rejetait 120
» cadavres sur la grève. Un certain nombre de
» Rebelles ayant essayé de se sauver à travers
» les marais, furent assommés par les paysans ».

La cavalerie ne fut pas plus heureuse malgré l'énergie de son chef La Mothe-Saint-Surin, qui seul ne perdit pas la tête dans la panique. Baïès, lieutenant de La Rochefoucauld, s'étant attaché à sa poursuite avec 35 cavaliers le fit prisonnier. Presque tous les chefs de l'armée calviniste tombèrent au pouvoir du roi.

L'armée royale n'avait pas perdu 20 hommes. Les 700 soldats protestants que le Roi avait soustrait à la rage de ses troupes furent envoyés à Nantes et distribués sur les galères. Quant aux gentilshommes, au nombre de 100 environ, ils allèrent dans les prisons de Fontenay, de Poitiers et de Saintes. Mais bientôt ils furent mis en liberté en payant une rançon ou en fournissant le cautionnement de leurs parents catholiques. Les rançons furent remises à ceux qui les avaient pris. Le roi se réserva un canon et quinze vaisseaux, il rendit aux églises les objets que les Rebelles leur avaient volés et abandonna tout le reste du butin à ses soldats. Treize prisonniers qui furent reconnus pour avoir repris les armes après avoir été pardonnés à Saint-Jean-d'Angély et juré qu'ils ne combattraient plus leur prince furent pendus comme traîtres et parjures.

Après s'être rendu accompagné de Châtelier Barlot « au milieu des morts dans un petit logis (1) » où l'on avait apresté le dîner de Sa Majesté ; » le Roi dîna tellement guilleret et passa le bras » de mer qui est entre Saint-Gilles et Croix-de-» Vie dans des bateaux » (2).

Peu après le Roi monta à cheval et se rendit au château d'Apremont, où nous le retrouverons.

Le souvenir des évènements que nous venons de raconter s'est conservé longtemps très vivace dans le pays et il en est resté une chanson en patois qui a été publiée par un érudit vendéen, M. Dugast-Matifeux, et dont voici le texte :

---

(1) D'après la tradition locale, ce petit logis n'est autre que la cure actuelle de Croix-de-Vie.

(2) D'après le journal d'Hérouard, son médecin. Voici d'après le même journal, le menu du dîner que Louis XIII fit à Croix-de-Vie le 16 avril 1622 : Bouts d'asperges en salade, potage aux œufs et au beurre, un œuf à la coque avec six APPRESCHES de pain, un œuf mollet, mousserons au beurre, de l'esturgeon, de la langue de carpe ; le tout arrosé de vin clairet et fort trempé ; comme dessert, une pomme, des figues, des guignes sèches, un peu de pain et une petite cuillerée de dragées de fenouil.

I quiou (voilà que ce) bea monsiou de Soubise
Qui s'dit le ré dos parpaillaux (protestants),
Tot embuffé du vent de bise,
A monté sur ses grons chivaux.

Gle (ils) sont sortis de La Rochelle
Pre (pour) fére la loi aux papaux (catholiques)
Pensant d'ine façon rebelle
Les mongé en in grain de sau (sel)

Ol (il) est ben vré qu'en six semaines
Gl'oguirant (ils eurent) le temps com'o faut ;
Le donnirant bé de la peine,
Vré Dé ! que le nous firant de maux !

Notre ban Ré vengnilt (vint) de Nantes
Pre mettre fin à nous travaux,
Et d'ine façon bé galante,
Dounit la chasse aux parpaillaux.

Vertu Dé ! la grande boucherie
Qu'ol en fût fait dans in journau (une journée),
I cré que pus de quatre mille
Furent guaris de tos leurs maux !

Quand y entendis la huée
Et la chasse dos parpaillaux,
I ve pris ma grande cougnée,
Et les fendas quemme naviaux (les fendit comme navets).

VII. — De l'expédition de Louis XIII à la révocation de l'Edit de Nantes

A partir de l'expédition de Louis XIII et de la défaite des troupes de Soubise en 1622, le Calvinisme conserva bien à Saint Gilles son temple, son ministre, son prêche et son école, mais il ne fit plus de prosélytes dans le pays. Le pasteur de

Saint-Gilles, de 1626 à 1637, était Charles Mallet, qui desservait également le temple de la Garnache. Le dernier pasteur de l'église réformée de Saint-Gilles fut un sieur Jacques Mallet qui était en même temps pasteur de l'église du fief de la Morinière, près de Commequiers. C'est ce ministre qui représentait seul ses deux églises au synode provincial de Châtellerault au mois de juin 1663, ce qui lui valut une censure ainsi qu'à ses églises. A ce moment le procès du temple de Saint-Gilles était instruit aux grands jours de Poitiers. Les syndics du clergé du diocèse de Luçon contestaient aux Protestants de Saint-Gilles le droit de libre exercice de leur culte, prétendant que ce culte avait été établi d'une manière subreptice dans la paroisse.

Deux commissaires, l'un catholique, Colbert de Croissy, frère de l'évêque de Luçon, l'autre calviniste, le sieur de la Noue, furent nommés pour examiner les titres des protestants. François Mauclerc de la Muzenchère, en Apremont, ancien de la Jaudonnière, fut l'un des députés généraux des églises réformées du Poitou pour les défendre aux audiences. Il y eût d'abord entre les commissaires partage d'opinion. L'audience solennelle pour plaider sur le partage eût lieu à Poitiers, en août 1665, malgré les efforts de l'avocat Moussyau de la Pouzaire, un arrêt du 6 août 1665 prononça l'interdiction du culte calviniste sur tous les points du diocèse de Luçon, à Saint-Gilles comme ailleurs. La sentence donnait deux mois aux réformés pour démolir les édifices proscrits.

Ce délai expiré, les syndics diocèsiens étaient autorisés à les faire abattre aux frais des Protestants.

Les Réformés de Saint-Gilles s'appuyant sur les droits que leur conférait, suivant eux, une possession centenaire en appelèrent au Roi et à son Conseil et rédigèrent un mémoire ou factum, afin d'exposer leurs droits. Trois gentilshommes calvinistes furent députés au Roi par leurs corréligionnaires de Saint-Gilles et de tous les consistoires du Poitou avec mission d'obtenir la conservation des temples de Saint-Gilles et de Talmont. Louis XIV accorda une audience aux députés, les accueillit avec bienveillance mais ne se laissa arracher aucune concession. Peu après l'arrêt de Poitiers fut confirmé par le Parlement, envoyé aux syndics diocésains, il reçut une exécution immédiate, et en moins de quinze jours le temple de Saint-Gilles fut démoli.

Malgré la suppression de l'exercice public du culte calviniste, il existait encore en 1685 à Saint-Gilles et à Croix-de-Vie un certain nombre de familles appartenant à cette religion. Mais cette année-là eurent lieu les *dragonades* demandées par Mgr de Barillon, évêque de Luçon, pour son diocèse. Aussi le 25 septembre 1685 devant M. Bossis, curé de Saint-Hilaire, dont dépendait encore Croix-de-Vie eût lieu l'abjuration d'un certain nombre de Calvinistes de Croix-de-Vie. D'après un document du temps au moment de la révocation de l'Edit de Nantes (17 octobre 1685), l'ancienne colonie huguenote de Saint-Gilles et

Croix-de-Vie ne comptait pas plus d'une centaine de nouveaux convertis. Aussi ce fut donc, pour ainsi dire, dans le vide qu'après les récentes abjurations, la célèbre ordonnance frappa dans ces deux localités.

Peu de familles calvinistes émigrèrent de Saint-Gilles à la suite de la révocation de l'Edit de Nantes, les diverses recherches qui ont été faites n'ont pu faire découvrir que la famille *Braud*, le capitaine *Mathurin Rogue* et *Jean Marchais*, aussi chef de barque ; leurs biens furent confisqués et vendus à charge de payer au Roi une rente foncière. Il en fut de même du cimetière des Protestants ; les pierres tombales en furent retirées par l'acquéreur qui les céda à la Fabrique de l'Eglise ; celle-ci les employa à faire le cadre de la fenêtre latérale, près de l'autel, large baie qui existe encore.

Au mois de décembre 1685, une mission de prêtres de l'Oratoire fut envoyée par l'évêque de Luçon aux nouveaux convertis de Saint-Gilles et Croix-de-Vie, et d'après les mémoires laissés par un des missionnaires, eût un grand succès.

Pendant toute la période que nous venons de parcourir, la seigneurie de Saint-Gilles avait été en la possession de la famille Daniau. Pierre Daniau, fils de Guillaume que nous avons laissé sous la tutelle de Julien Mauclerc, épousa Jehanne de la Poëze et eût un fils Josias qui acheta une charge de Conseiller au grand Conseil du Roi, ce qui ennoblissait. « Messire Josias Daniau, seigneur de Saint-Gilles », demeurait à

Paris, rue Bariert, près et paroisse de Saint-Gervais. De 1624 à 1634, Josias Daniau s'associa au refus des marins de Saint-Gilles de payer à Mme de Beaucaire les droits convenus pour les réparations du port, ces travaux laissant beaucoup à désirer. Josias Daniau était catholique comme son père et son grand-père qui n'embrassèrent pas la réforme malgré l'exemple des familles nobles du pays. On lui doit l'*inventaire des archives de la Fabrique,* recueil précieux pour la topographie et l'histoire du bourg au Moyen-Age et qui a conservé beaucoup d'actes dont les originaux ont disparu. Il eut de son épouse Anne de Maupeou, deux enfants, Nicolas et Anne, qui étaient en 1632 sous la tutelle de leur mère. Mme de Maupeou autorisa l'établissement à Saint-Gilles d'un monastère de Sainte-Elisabeth ou tiers-ordre de Saint-François fondé par Isabeau de Veillon, dame de Beaulieu. La fondatrice bâtit le monastère et lui fit don de 6,500 livres.

Nicolas Daniau qui hérita du titre de seigneur de Saint-Gilles, suivit la carrière paternelle et fut reçu Conseiller au Parlement le 26 janvier 1652. Il s'occupa surtout d'augmenter l'importance de sa seigneurie, c'est ainsi qu'il acheta le 24 avril 1675 de Messire François Taillefer de Montausier de la Charoulière, demeurant en son château des Châtaigners, en Apremont, le fief au Chat, le vaste hôtel de la Charoulière (1) situé

(1) L'hôtel de la Charoulière occupait tout l'espace

sur la place du Mai ou du Baril, un jardin et différents marais salants, moyennant quatre mille livres tournois.

En 1684, il construisit sur l'emplacement du petit houstel de sa famille le château actuel, aux abords duquel, il ouvrit la longue et vaste avenue qui fut pendant longtemps le lieu favori de rendez-vous de la population de Saint-Gilles et qui disparut vers 1740. Crime à jamais impardonnable pour ceux qui l'ont commis !

VIII — De la révocation de l'Edit de Nantes à la Révolution

Pendant toute cette période, les annales de Saint-Gilles et de Croix-de-Vie ne nous ont pas conservé le souvenir d'évènements bien saillants ; pour trouver des faits tant soit peu dignes d'être notés, il faut arriver presqu'à la veille de la Révolution.

En 1781, les officiers de justice de la châtellenie eurent à intervenir à l'occasion des désordres que tous les ans, provoquaient à Saint-Gilles, les

compris entre le prieuré, la rivière et la grande rue allant de la rivière au château. Il était possédé au XVIIIe siècle par M. Guerry de la Vergne de Saint-Révérend, un des déportés à Cayenne sous le Directoire et servit quelque temps d'asile à M. Bouhier de la Davière, curé de Saint-Gilles, quand celui-ci fut dépossédé de sa cure pour refus de serment. La maison de M. Cadou, notaire, occupe aujourd'hui une partie de son emplacement.

fêtes de la plantation du *Mai* dans les derniers jours d'avril. Les jeunes gens, dits *bacheliers*, couraient à la grève, s'y emparaient de plusieurs mâts de navires, afin d'en confectionner leur Mai ; celui-ci une fois préparé sur la place du Baril qui occupait l'emplacement de la place actuelle devant le château et laissé sous bonne garde, ils se promenaient dans les rues, tambour battant, la cocarde au chapeau, le fusil sur l'épaule, distribuant des bouquets, demandant de l'argent ; puis, la nuit du 30 avril au 1er mai, ils allaient mettre à contribution le colon de la métairie de la *Berraie*, et après avoir ravagé la campagne pour se procurer des rameaux, venaient les planter de nuit à la porte des maisons. Dans la journée du 1er mai, à l'aide de quelquefois 200 personnes, ils emplantaient leur mât fleuri, long de 60 à 80 pieds. Aussitôt, à l'appel du tambour, toutes les filles de la classe des *bacheliers*, accouraient à la place du Baril, et les danses commençaient autour du Mai. Pendant les fêtes qui duraient souvent huit jours, les *bacheliers* s'arrogeaient les droits de *barage*, *halage*, *minage*, *marché*, faisant argent de tout, souvent à main armée.

Malgré les excommunications dont l'évêque du diocèse, Mgr de Barillon, à la suite d'une visite pastorale de 1696 avait menacé ceux qui prendraient part dorénavant à ces désordres, malgré les arrêts du Parlement de Paris du 1er juin 1779 qui les défendaient, ces excès se produisirent encore au printemps de 1782, et M.

Hilaire Giron, procureur fiscal, dût employer la force publique pour les faire cesser. Plus tard, en 1793, l'arbre de la liberté remplaça le mât fleuri. L'usage séculaire traversa la Révolution et l'Empire et en 1815, plus haut et plus fleuri que jadis, le mât se dressait encore sur la place du *Baril.*

Le 12 février 1787, un jour mémorable pour nos deux localités, à 9 heures 1/2 du matin, pendant que M. Chauviteau, vicaire, célébrait la messe au grand autel, le tonnerre tomba sur l'église et renversa le prêtre au pied de l'autel après avoir dégradé celui-ci, mais l'abbé Chauviteau n'eût pas de mal. Quelques personnes se trouvaient dans l'église.

Nicolas Daniau, le dernier seigneur de Saint-Gilles auquel nous nous sommes arrêtés, mourut en 1696, laissant de son mariage avec sa parente Madeleine Choart qui l'avait précédé de plus de 20 ans dans la tombe (14 octobre 1674), trois enfants : 1° Catherine-Magdeleine ; 2° Angélique-Charlotte ; 3° Nicolas-François-de-Sales, lieutenant au régiment des gardes françaises, qui à la mort de son père, devint seigneur de Saint-Gilles. En mai 1696, il visita ses domaines et par acte du 14 janvier 1697, partagea avec ses sœurs l'héritage de son père en se réservant le château et les principaux fiefs qui en relevaient. Il mourut l'année suivante, 1698, sa part accrut à ses sœurs qui la conservèrent indivise.

L'aînée, Catherine Daniau, dame de Saint-Gilles, avait épousé vers 1689, Nicolas de la

Brousse, seigneur de Vertillac, maréchal des camps et armées du Roi, gouverneur de Mons et lieutenant du Roi en Périgord, qui fut tué en 1692 à la bataille de Bossut, au moment où il mettait les ennemis en fuite. En apprenant cette mort glorieuse, Louis XIV dit à la veuve « qu'il » avait perdu dans le comte de Vertillac le meil- » leur officier d'infanterie qu'il eût eu depuis le » maréchal de Turenne », son tombeau se voit encore dans l'église de Mons.

De ce mariage étaient nés deux enfants : l'un, Thibaut, mort le 4 janvier 1725 ; l'autre, Madeleine-Marie-Angélique, qui succéda au titre et aux biens de ses père et mère.

Après huit années de veuvage employés à l'éducation de sa fille. Mme de Vertillac se remaria vers 1700 à Messire Jean-Louis de Hautefort, comte de Baussens, maréchal des armées du Roi et gouverneur de Saint-Malo, qui mourut le 7 mars 1743. Elle l'avait précédé dans la tombe le 4 février 1731. Sa fille Marie-Madeleine, son unique héritière, avait épousé le 16 novembre 1727, son cousin germain, Thibaud de la Brousse, comte de Vertillac, grand sénéchal et gouverneur de Périgord. Mlle de Vertillac, orpheline très jeune, avait reçu entre les mains d'une mère très distinguée, une éducation brillante, elle connaissait le latin, probablement l'italien, et s'il faut en croire un de ses admirateurs, possédait sur toutes choses, même sur les sciences, des idées très exactes. Avant de se marier, ce qu'elle fit assez tard, à 36 ans, elle avait parfaitement établi sa réputation de femme savante, dans la meilleure acception du mot. Elle écrivait avec la plus grande élégance et se trouvait en relations avec la plupart des poètes et des beaux esprits de son temps.

Une fièvre quarte suivie de fièvre maligne, la mit au tombeau le 21 octobre 1751. Le *Mercure de France*, janvier 1752, publia l'éloge funèbre de la Savante, mais d'après cet éloge, le mérite littéraire de la comtesse de Vertillac, n'était rien comparé à ses vertus.

Mme de Vertillac, laissait un fils unique, gouverneur et grand sénéchal du Périgord et capitaine de cavalerie dans le régiment de Penthièvre. Mais cédant aux instances de sa parente, dame Catherine-Thérèse Damour, qui avait épousé M. Jean Piou de Nanteau, elle lui vendit quelques années avant sa mort, les châtellenie et terre de Saint-Gilles. Le nouveau seigneur habitait Nantes, paroisse Saint-Nicolas, il était secrétaire du Roi en la grande chancellerie.

Devenue veuve, Mme Piou de Nanteau, fut l'insigne bienfaitrice de Saint-Gilles. Le 24 juillet 1777, habitant alors à Paris, son hôtel quai des Théatins, par acte passé devant Me Boulard et son confrère, notaires au Châtelet de Paris, elle fit une fondation de onze cents livres de rente, destinées à être distribuées chaque année dans les mois d'hiver, aux familles les plus nécessiteuses de la paroisse par les mains du curé sur un billet signé par le syndic.

Après différents transports, le capital de cette

rente fut placé sur les gabelles. L'œuvre de la bonne châtelaine, inaugurée le 1er novembre 1777, fonctionna avec régularité, au milieu des bénédictions des pauvres, jusqu'aux premiers jours de mars 1793. Elle disparut comme bien d'autres dans la tourmente.

La population de Saint-Gilles ne fut point ingrate. La bienfaitrice de la paroisse ayant eu la douleur, l'année qui suivit sa fondation, de perdre son fils unique, dès que cette nouvelle fut connue dans Saint-Gilles, la cloche convoqua les habitants en assemblée de paroisse et ils prirent la délibération suivante ;

« Le dimanche 8 novembre 1778, nous curé, » marguillers, syndic et habitants assemblés en » la manière accoutumée, ayant été instruits de la » mort de M. Louis-Gabriel Piou de Saint-Gilles, » seigneur de ce lieu, avons délibéré de marquer » à Mme de Saint-Gilles, sa mère, notre sensibilité » à sa douleur et à la perte que nous faisons » nous-mêmes ; pour cet effet, nous avons tous » unanimement prié M. le Curé de vouloir bien » lui écrire et lui peindre nos sentiments de sen- » sibilité et de reconnaissance » (1). Mme Piou de Saint-Gilles survécut jusqu'en 1782.

Après sa mort les héritiers collatéraux de son fils voulurent vendre la seigneurie de Saint-Gilles. Les habitants l'ayant appris, les principaux d'entre eux se présentèrent devant les notaires de la

---

(1) Registre des distributions mensuelles de la rente de Mme de Saint-Gilles.

châtellenie, et décidèrent d'écrire au marquis de Vertillac, fils de la célèbre comtesse et au prince de Revel, son gendre, pour les prier de vouloir bien racheter cette terre. Dans leur lettre dont l'original est conservé parmi les minutes des notaires de Saint-Gilles, ils exposent « qu'ils sont » pénétrés d'attachement et de reconnaissance » pour l'illustre famille de feue Mme la comtesse » de Vertillac, dont feue dame de Saint-Gilles, » leur bienfaitrice, était la proche parente, qu'ils » habitent depuis longtemps une terre possédée » par des seigneurs dont l'œil attentif a vu sur » les besoins de leurs vassaux et qui en font plu- » tòt l'objet de leurs recherches que celui des » droits de leurs fiefs ; que la conservation de la » terre de Saint-Gilles continuerait aux habitants » le bonheur de relever des mêmes seigneurs, et à » ceux-ci la douce influence qu'ils avaient sur » leurs vassaux ; que c'est le seul moyen d'adou- » cir les amertunes où se trouvent plongés leurs » cœurs reconnaissants par le décès de Mme de » Saint-Gilles ».

MM. de Vertillac et de Revel ne voulurent pas ou ne purent pas faire droit à cette démarche pourtant si touchante et qui fait autant d'honneur aux anciens seigneurs qui avaient su la mériter qu'aux habitants de Saint-Gilles qui avaient eu l'idée de la faire; et le 2 juillet 1885, messire Robert-Joseph-Marie Cahouet de Marolles, chevalier seigneur de Neuvey-en-Bauce, du Gamereau et autres lieux, ci-devant premier lieutenant de chevau-légers, lieutenant des maréchaux de

France, au département d'Orléans, demeurant à Orléans, rue du Bœuf, paroisse Saint-Paterne, acheta sur licitation la châtellenie de Saint-Gilles, en qualité de mari et procureur de droit de dame Aimée Merland de la Guiblotterie, qui en était héritière pour partie. La seigneurie avait été annoncée dans les *Affiches du Poitou,* comme étant d'un revenu de 7,000 livres.

IX. — Saint-Gilles-Croix-de-Vie pendant la Révolution

En approchant de la fin du XVIIIe siècle, les idées nouvelles avaient fait des progrès à Saint-Gilles et à Croix-de-Vie. Là s'ouvrit le 30 décembre 1783 sous la présidence de Benoît de la Grandière, le premier Cercle vendéen, fondé par « des » gens de la classe la plus honorable et la plus » éclairée de Saint-Gilles » (1), à l'effet « de faire » venir les nouvelles en commun et de les voir » en société ». Ce cercle qui après avoir connu des jours fort brillants a célébré le 30 décembre 1883 le centenaire de sa fondation, a dû se dissoudre en ces dernières années par suite de dissensions malheureuses et faute d'un nombre de membres suffisant pour le faire vivre.

Au mois de juillet 1785, quand M. de Marolles qui venait d'acquérir la seigneurie de Saint-Gilles, vint accompagné de sa famille visiter sa terre, s'il fut fort bien reçu par la grande ma-

(1) Exposé de la demande faite au Procureur du Roi à Poitiers par le procureur fiscal Giron.

jorité des habitants, il dût se convaincre à la lecture de couplets satiriques et très méchants du chansonnier Emery Gratton qui circulaient en ville, que les idées d'émancipation comptaient déjà des partisans à Saint-Gilles.

Conformément à l'édit dotant le Poitou d'une assemblée provinciale, les habitants de la communauté de Saint-Gilles, comptant alors 200 feux, furent sur l'ordre de l'intendant de Poitiers, appelés à élire une municipalité, le 31 août 1788. Ils nommèrent : syndic, le sénéchal *Jacques Coujard*, et conseillers municipaux le procureur fiscal *Hilaire Giron*, le négociant de Nantes *Jacques Cadou*, le capitaine de navire *Joseph-Saturnin Bénéteau*, les bourgeois *Louis-Marie Goupilleau*, *René Joubert*, *Jean-Baptiste Gaborit*. L'acte constitutif de la nouvelle municipalité de Saint-Gilles, contresigné par MM. de Marolles et Bouhier de la Davière, curé ouvre le registre pour servir à insérer les délibérations de la municipalité qui existe encore à la mairie de Saint-Gilles, mais en mauvais état. A peine constituée la nouvelle assemblée municipale adressa à la commission intermédiaire de l'assemblée provinciale et à celle de l'élection des Sables copie d'une délibération très importante qu'elle venait de prendre et d'après laquelle ces assemblées étaient sollicitées de réclamer différentes choses notamment que la province continuât à être administrée par son assemblée provinciale (qui venait d'être établie), la représentation du Tiers en nombre égal aux deux autres ordres à l'Assemblée provinciale et aux Etats-Généraux, le vote par tête, l'admission des curés dans l'ordre du Clergé. « La plupart, dit l'exposé, placés au milieu des chaumières, qu'ils visitent autant par charité que par devoir, qui peut mieux qu'eux exposer les maux des malheureux ? » L'égalité des trois ordres dans le paiement des impôts proportionnellement aux facultés de chacun, en un mot presque toutes les grandes réformes qui devaient être adoptées l'année suivante.

Au mois de mars 1789, Saint-Gilles était appelé comme toutes les autres communautés du comté de Poitou à envoyer ses représentants à Poitiers pour prendre part à la réduction des cahiers du Tiers-Etat et à la nomination de députés aux Etats-Généraux. Les deux représentants nommés par la communauté de Saint-Gilles furent *Antoine-Emery Gratton*, capitaine de canonniers et le capitaine de navire *Joseph-Saturnin Bénéteau*. L'Assemblée ayant nommé des commissaires par canton pour la réduction du cahier général, ceux désignés pour le canton de Saint-Gilles furent les sieurs *Caillaud, Renaud de la Farrie* (1) et *Sourouille de la Cailletière*, tous trois avocats, les deux derniers représentant la commune de Bretignolles.

Birotheau des Burondières, avocat à Saint-Gilles et aux Sables fut nommé le quatrième comme député aux Etats-Généraux (2).

---

(1) Qui était le trisaïeul de l'auteur de ces lignes.

(2) Pierre-Aimé-Calixte Birotheau des Burondières,

SAINT-GILLES-CROIX-DE-VIE

Le Port, l'Eglise et le Pont

Les 7 et 22 mai 1789, en présence de la famine menaçante, les deux municipalités de Saint-Gilles et Croix-de-Vie, se réunissaient en commun « au parquet de Saint-Gilles » avec les négociants et principaux habitants. Cette réunion décidait que « tout bon habitant résidant à Saint-Gilles, Croix-de-Vie et aux environs devait être décidé à prendre l'engagement de n'acheter aucun blé, froment au dessus de 400 livres le tonneau, mesure de Saint-Gilles ; que les orges, seigles et gaboreaux, les aliments de la portion du peuple la moins aisée, doivent être conservés » (1).

Malgré cette décision, le peuple était toujours dans la crainte de la famine et chaque expédition de blé causait des troubles.

Le 8 février 1790 et jours suivants, se tint l'assemblée des citoyens actifs d'abord dans l'église paroissiale, puis pour ne pas déranger les offices, à la maison commune, afin d'élire le maire et les officiers municipaux et de former le conseil de la commune. Après trois scrutins, fut élu maire, quoique absent, le négociant de Nantes *Jacques Cadou*. Furent nommés officiers municipaux : *Cavois*, négociant, *Giron*, *Joubert*, marin, *Bénéteau*, *Rosero*, *Guerry*, procureur-syndic, le docteur-médecin *Merland*, le secrétaire-greffier *Gaborit*.

---

né à Olonne, le 11 août 1743, joua un rôle des plus effacé à la Constituante. On ne trouve son nom que dans la liste des signataires du Serment du Jeu de Paume. Il devint sous l'Empire président du Tribunal des Sables et mourut le 16 mars 1829.

(1) Papiers de Croix-de-Vie.

Le 24 avril 1790, « les Volontaires nationaux » de Saint-Gilles, déjà formés en vertu d'une souscription du 29 novembre 1789 et d'un règlement du 27 décembre même année, réglèrent définitivement l'organisation et la discipline de leur corps ; ils nommèrent comme commandant en chef *Antoine Gratton* et commandant en second, *Jean Rafin*. Ils décidèrent que l'uniforme du corps serait : habit bleu de Roi, revers blanc, collet et parement écarlates, doublure blanche, boutons blancs, deux contre-épaulettes en argent, veste et culotte blanche, et que les commandants porteraient des épaulettes : le premier de major, et le second de major en second. Le 3 mai, les Volontaires arrêtèrent de faire faire un drapeau blanc, en haut duquel il y aurait les trois couleurs de la Nation, au milieu du drapeau l'écusson de France, au-dessus duquel serait un ruban rouge portant la devise : « Vivre libre ou mourir. » (1)

Entre temps, le 11 avril, une députation de la garde nationale de Saint-Gilles, avait assisté à la fête de la Fédération des Gardes nationales du Poitou et provinces voisines, convoquées à Poitiers par le vicomte de Chasteigners, colonel général de la Garde nationale de cette ville. Ce fut même le délégué de Saint-Gilles Antoine-Emery Gratton qui rédigea avec le secrétaire de la Garde nationale de Poitiers l'adresse envoyée le 30 avril

(1) Registre pour servir à MM. les Volontaires de Saint-Gilles-sur-Vie. — Donné en appendice par Chassin dans le t. I. de sa PRÉPARATION A LA GUERRE DE LA VENDÉE.

à l'Assemblée nationale pour lui demander des armes.

Le 13 mai, les Volontaires de Saint-Gilles étaient présents à la fête de la Fédération des Gardes nationales de la région qui avait lieu à Challans et leur commandant prononçait un discours plein d'enthousiasme. Le lendemain 14 mai, les députés et chefs de corps des villes et paroisses confédérées se réunirent dans la chapelle Saint-Symphorien. Leurs séances s'y prolongèrent jusqu'à la fin du mois. Ils y arrêtèrent le procès-verbal de la Confédération et rédigèrent deux adresses au Roi et à l'Assemblée nationale.

Le commandant en second de la garde nationale de Saint-Gilles, Rafin de Beauséjour, proposa de grouper sous un état-major unique les diverses Gardes nationales du district de Challans. Sa motion n'obtint pas la majorité des délégués, mais on décida de former une Commission « pour tenir la correspondance et au besoin convoquer » toute la force civique du district.

Cette Commission était ainsi composée :

Pour Challans, La Garnache, Soullans, Sallertaine : le lieutenant-colonel de Challans, *Cotherel*, le major *Saurin*, secrétaire ;

Pour Saint-Gilles, Croix-de-Vie, Le Fenouiller : le commandant de Saint-Gilles, *Gratton* et le porte-drapeau de Saint-Gilles, *Gaborit*, secrétaire ;

Pour Palluau, Saint-Christophe-du-Ligneron, La Chapelle-Palluau, Saint-Etienne-du-Bois : le capitaine de la 1re compagnie de Palluau, *Gobardeau de la Roulière,* le major *Rouillé,* secrétaire ;

Pour Beauvoir, Bouin et Saint-Gervais : le commandant de Beauvoir, *Vigneron de la Jousselandière* et *Dupleix,* secrétaire ;

Pour Apremont et Commequiers : le major d'Apremont, *Vosgiens,* le lieutenant en second *Grolleau,* secrétaire.

Le 24 juin, les Volontaires de Saint-Gilles déléguèrent Gratton, commandant, Masson-Préclos, sous-lieutenant et Descharzeau, volontaire pour les représenter à la réunion devant avoir lieu à Challans le 27, afin de nommer des Députés pour assister le 14 juillet à Paris à la grande fête de la Fédération. A cette réunion, malgré la protestation des délégués de Saint-Gilles qui soutenaient que d'après les décrets de l'Assemblée nationale, les Députés devaient être nommés à l'élection et non pas tirés au sort, on décida d'employer ce dernier mode pour la désignation des délégués à envoyer. Le sort désigna Mourain, commandant de Croix-de-Vie et un Garde national de Palluau, les deux suppléants dont les noms sortirent furent Collinet de Saint-Charaud, capitaine de Croix-de-Vie et Coursaud, capitaine de Challans. La garde nationale de Saint-Gilles persista dans sa protestation contre le tirage au sort, celles de Palluau et du Fenouiller s'unissent à elle et Rouillé, major de la Garde nationale de Palluau fut délégué pour faire valoir la protestation à Paris.

Malgré les démarches de la garde nationale

auprès de la municipalité de Saint-Gilles, celle-ci ne délégua personne à Paris pour assister à la fête de la Fédération, mais elle envoya à l'Assemblée nationale une adresse qui valût à la commune de Saint-Gilles d'être inscrite au procès-verbal parmi les communes ayant manifesté les sentiments les plus patriotiques. (1)

Le 14 juillet 1790, la fête de la Fédération fut célébrée à Saint-Gilles, les Volontaires se rassemblèrent sur les 10 heures 1/2 et après avoir entendu une messe solennelle à l'église se rendirent à l'autel de la Patrie, dressé dans les grandes allées du château et la réquisition de la municipalité prêtèrent avec le plus grand enthousiasme le serment civique et fédératif.

De juillet à octobre 1790. Cadou ayant été nommé administrateur du district de Challans, abandonna ses fonctions de maire, Merland, accusé « d'être un turbulent et de troubler la » commune » à propos de la taxe des plus riches habitants pour la contribution patriotique, donna sa démission de procureur-syndic et Henry *Collinet* fut nommé maire. Du 14 au 21 novembre suivant, le corps municipal fut complètement renouvelé et Jacques-Salomon Bénéteau devint procureur-syndic.

Le 28 novembre, le Conseil général de la commune fut installé et prêta serment de « maintenir la Constitution et d'être fidèle à la loi et au

(1) Procès-verbal imp. de la Constituante. Séance du 3 août 1790.

Roi ». Un de ses premiers soins fut de préparer un mémoire à opposer devant l'Assemblée nationale, aux demandes des ports de Dunkerque, Saint-Malo et autres, pour l'introduction des sels étrangers dans le royaume « vu la ruine qui en » résulterait pour les Marais salants de la » Vendée » (1).

Le 1er décembre suivant, un ordre transmis par le Directoire du district de Challans, en exécution de l'art. 13 du décret du 19 octobre, les scellés étaient apposés sur les armoires et autres objets dépendant du greffe de la « ci-devant châ- » tellenie de Saint-Gilles. »

Le 1er mai 1791, à onze heures du soir, le maire Collinet fut averti par le district de Challans que des troubles très graves venaient d'éclater à Saint-Christophe-du-Ligneron et prié d'envoyer des secours. Les Officiers municipaux furent immédiatement assemblés et on décida que la Garde nationale serait convoquée sans retard et divisée en deux parts, une pour être envoyée à Challans, l'autre pour rester en service dans la commune.

Le lendemain 2 mai le Conseil général de la commune décidait qu'à partir de ce même soir il serait établi une garde de police de 12 hommes au moins aux ordres de la Municipalité, qu'il serait défendu jusqu'à nouvel ordre, à tout domicilié, de s'absenter sans en prévenir la Municipalité et donner les motifs de son voyage, et aux aubergistes et autres habitants de loger tous étrangers

(1) Analyse des papiers de Saint-Gilles.

sans prévenir la Municipalité et lui apporter leurs noms, professions et domicile, enfin de prévenir les habitants des campagnes de la paroisse pour les mettre en garde « contre les suggestions des » ennemis de la Constitution qui chercheraient à » les égarer ». (1)

Le 2 et le 3 dans l'ignorance de ce qui se passait à Saint-Christophe, Saint-Gilles était dans la crainte d'une attaque ; on y savait que le tocsin sonnait à Saint-Révérend et à Coëx, et que des nobles très connus se mettaient à la tête des paysans; mais bientôt on apprenait que le 2 mai une colonne composée de gardes nationales et de Dragons de Conti venant de Machecoul, s'était portée sur Saint-Christrophe, que les révoltés s'étaient dispersés et que seuls une soixantaine d'entre eux avaient voulu résister et avaient même tiré sur la troupe, qu'ils avaient essuyé une décharge qui en avait tué quatre et que le reste s'était enfui. L'insurrection de Saint-Christophe était donc dissipée. Mais une très grande émotion continuait à régner dans le pays où des émissaires venus on ne sait d'où avaient essayé de soulever les populations.

Le 5 mai, un détachement de 160 hommes de Garde nationale de Nantes, Les Sables et Fontenay et de 12 cavaliers, partit de Challans et exécuta une marche militaire à travers les bourgs de Coëx, Saint-Révérend, Saint-Maixent et arriva à Saint-Gilles le même jour à 8 heures du soir.

---

(1) Analyse des papiers de Saint-Gilles.

Le 7 mai, en présence de ces troupes et de toutes les autorités de Saint-Gilles, sur l'initiative qui en avait été prise dès le 14 avril par les Volontaires, on célébra un service funèbre en l'honneur de Mirabeau, mort le 1er avril précédent.

Le 16, sur la demande de la Municipalité de Saint-Gilles qui avait écrit au district de Challans qu'il n'y avait plus de troubles, le détachement des Gardes nationales était rappelé et la Municipalité lui adressait ses chaleureux remerciements.

Le vicaire non assermenté de Saint-Gilles, Moiseau, s'étant compromis pendant les troubles des bourgs voisins, le 22 mai le Conseil général de la commune décidait qu'il serait renvoyé de la paroisse, les administrateurs du district ayant autorisé l'expulsion. Une requête était adressée le 22 juin à l'évêque de Luçon, afin qu'il interdit à l'abbé Moiseau toutes fonctions ecclésiastiques et toute résidence dans la paroisse.

Le 28 juin, l'alarme était très vive à Saint-Gilles et à Croix-de-Vie par suite de la présence de bâtiments suspects signalés depuis la veille. On craignait un débarquement sur la côte de Sion et on sonnait le tocsin, le commandant Gratton avec les seuls 15 fusils en état et des hommes armés de fourches et de bâtons, était envoyé en reconnaissance le long de la côte, le district de Challans prévenu, expédiait sur Croix-de-Vie la Garde nationale de cette localité. Mais le commandant de la Garde nationale rentré de son expédition sur la côte, rapportait qu'une seule barque avait voulu s'approcher de la côte et avait été repoussée par le vent, la Garde nationale de Challans recevait contre ordre. Mais à 4 heures du matin, le Conseil général de la commune de Saint-Gilles, assemblé, écrivait au district pour lui demander des armes, disant que Saint-Gilles et Croix-de-Vie, en cas de descente de l'ennemi, étaient dans l'impossibilité de résister un quart d'heure, n'ayant pas douze fusils en état de tirer. Le district répondit le même jour que n'ayant pas d'armes il lui était dans l'impossibilité d'en fournir.

Le 12 juillet, une discussion violente s'étant élevée entre le maire Collinet et l'officier du poste établi à la mairie, Gratton, que le maire voulut faire mettre en prison par le sergent, commandant le détachement du 84e régiment en garnison à Saint-Gilles, l'administrateur Pierre Jousson fut délégué par le district le surlendemain et parvint à mettre un terme aux discussions qui s'étaient élevées entre les officiers de la Garde nationale et la Municipalité.

Le 24 juillet suivant, s'effectua à la maison commune la subdivision de la Garde nationale à Saint-Gilles en 2 compagnies.

Gensonné et Gallois, commissaires civils envoyés par le Roi dans le département de la Vendée, en vertu du décret de l'Assemblée nationale du 16 juillet 1791, afin de prendre des éclaircissements sur les causes des troubles, ayant invité les délégués des Municipalités du district de Challans, à leur donner leur opinion, la Municipalité de Saint-Gilles réunie en séance extraordinaire, chargea le maire Collinet, de répondre qu'à son avis les troubles étaient l'œuvre des prêtres non assermentés et des gens jadis privilégiés. Comme remède, elle proposait « d'éloigner » à une certaine distance les prêtres non confor-» mistes », de se hâter de procéder à leur remplacement et d'envoyer dans les campagnes « des » citoyens dont les sentiments civiques et les » moyens de persuasion seront connus, pour les » pacifier et les ramener aux bons principes ». (1)

Le 13 août 1791, Dumouriez alors maréchal de camp, commandant à Nantes, en tournée dans la Vendée, vint visiter Saint-Gilles-Croix-de-Vie. Voici les notes qu'il a laissées à ce sujet : (2)

« Le 13, à Saint-Gilles et Croix-de-Vie, après » avoir examiné les batteries de Sion et de Bois-» vinet, dont la première de 2 pièces de 36, la » deuxième de 2 de 18, toutes deux mal placées. » La redoute, marquée sur la carte, à Boisvinet, » n'existe plus, le corps de garde et la poudrière » non plus. Il n'y a pas à s'en éloigner beaucoup » pour changer l'emplacement des batteries.

« Saint-Gilles et Croix-de-Vie forment une » population de 1,000 habitants, dont 200 hommes » d'armes, animés d'un bon esprit. Le port est » intéressant, il s'y embarque 3,000 tonneaux de » grains. Il y faut au moins 30 fusils, parce que

(1) Analyse des papiers de Saint-Gilles.

(2) Papiers Dumouriez, archives nationales, f. 7, 4,398, cités par Chassin : Préparation a la Guerre de la Vendée, t. ii, p. 28.

» la paroisse de Saint-Hilaire, qui n'en est qu'à
» trois quarts de lieues est de 2,000 âmes, et l'es-
» prit en est très mauvais ; il faut même éviter de
» l'armer. On pourrait rendre le petit port de
» Saint-Gilles excellent pour 150,000 livres... »

Le 9 septembre, Jacques-Antoine-Emery Gratton, commandant la Garde nationale de Saint-Gilles, fut parmi les 18 membres du Conseil général du département, nommés par les électeurs réunis à Fontenay.

Répondant à l'appel enflammé de Dumouriez, Saint-Gilles paraît avoir formé le premier noyau du bataillon des Volontaires vendéens, destinés à être employés aux frontières du nord et de l'est ; il eût du moins l'honneur de fournir le premier commandant, *Jacques-Antoine-Emery Gratton*, qui fut élu lieutenant-colonel du bataillon le 5 décembre, à Fontenay, par 318 voix sur 493 Volontaires présents. (1)

Chaque chargement de grains qu'on faisait à Saint-Gilles causait toujours une certaine émotion et le maire Henri Collinet et le négociant Henri Cavois furent dénoncés à la Municipalité le 29 septembre comme acheteurs de blé du Marais et

(1) Malgré son patriotisme, Gratton n'avait pas sans doute les aptitudes nécessaires au commandement, car le 1er août 1792 il se fit nommer lieutenant de gendarmerie en résidence aux Sables. En 1793, il présida pendant plusieurs semaines une des commissions militaires et fit prononcer plusieurs acquittements. Il ne perdit jamais du reste sa gaîté naturelle et son amour de la poésie légère.

du Bocage pour les transporter à Bordeaux. Cela n'empêcha pas Collinet qui sortait de la Mairie, d'être réélu le 13 novembre. Sur le refus successif de Rafin, de Gratton, de Chaillou, du Dr Merland et de Jules Guilbaud, Jacques-Salomon Béneteau fut nommé procureur de la commune. La Municipalité reconstituée prêta serment le 20 novembre.

Le 1er mars 1792, la *Société ambulante des Amis de la Constitution de la Vendée*, se réunit à Saint-Gilles et y décida qu'il serait ouvert une souscription « pour tous ceux qui, au premier danger de » la Patrie, voudraient s'engager à marcher volon- » tairement et à leurs frais pour sa défense. »

Le 16 mai suivant eut lieu solennellement à Saint-Gilles la publication de la déclaration de guerre faite au roi de Hongrie et de Bohême le 20 avril précédent par le roi des Français. En attendant la déclaration de guerre à l'Angleterre qui paraissait imminente, on s'apprêtait à la résistance et le 17 juin s'achevait, conformément à la loi du 14 octobre 1791, l'organisation en un corps unique des citoyens inscrits sur les registres des Municipalités de Saint-Gilles, Croix-de-Vie, Saint-Hilaire-de-Rié et Le Fenouiller par la nomination des officiers et sous-officiers des cinq compagnies formant le bataillon de Saint-Gilles. La réunion eut lieu à la Chapelle de Saint-Gilles, sous la présidence de Jean Ingoult, maire de Croix-de-Vie, le plus ancien des maires présents.

Le 1er juillet les officiers, réunis à leur tour sous la présidence du plus âgé d'entre eux, élirent comme commandant en chef *Jean-Marie Raffin*; comme commandant en second, Jean-Emery Gratton; et adjudant, Julien Merland.

Au commencement d'août, le curé assermenté de Saint-Gilles, Bouhier de la Davière quittait sa cure en vertu de l'arrêté de l'administration en date du 30 juin, qui venait de lui être notifié. Deux vicaires épiscopaux, André Chauviteau et Balthazar Tessier étaient envoyés pour desservir la paroisse en attendant l'installation du curé constitutionnel J.-M. Hilairet qui n'eut lieu que le 9 décembre suivant. Avant de partir, M. Bouhier de la Davière avait remis aux marguilliers les ornements et les vases sacrés et à la commune les registres de la paroisse. (1)

Le nouveau registre de l'état-civil fut ouvert par la commune à la date du 10 août. Le 20 du même mois, la commune de Saint-Gilles reçut du district de Challans la transmission officielle des décrets du 10 et des arrêtés relatifs à la convocation de la Convention nationale.

Sur la proposition de la Garde nationale, le Conseil général de la commune ayant décidé la plantation solennelle d'un « Arbre de la Liberté » celle-ci eut lieu le 22, en présence des Gardes nationales du canton et d'une grande affluence de peuple des communes voisines.

Les 27 et 28 septembre 1792, les différents

(1) M. Bouhier de la Davière s'embarqua aux Sables pour l'Espagne, le 15 septembre suivant, sur le bâtiment le JEUNE-AIMÉ, capitaine Logeais (registre de la commune des Sables).

fonctionnaires et *préposés du commerce intérieur* (douaniers), en résidence à Saint-Gilles et à Croix-de-Vie, prêtèrent devant les Officiers municipaux, le serment décrété dans la séance de l'Assemblée nationale du 10 août « d'être fidèles » à la Nation et de maintenir de tout leur pou- » voir la liberté et l'égalité ou de mourir à leur » poste. »

Le 8 octobre, le district de Challans ayant fait parvenir à la Municipalité de Saint-Gilles les instructions relatives à la publication du décret abolissant la Royauté, le maire de Saint-Gilles les lut, le dimanche suivant 14, à l'issue de la messe paroissiale, en présence de toutes les Autorités et de la Garde nationale en armes.

Le même jour fut formée une compagnie de canonniers nationaux, conformément aux lois du 14 octobre 1791 et 18 mars 1792, le capitaine en fut Jean Petit.

Le 4 novembre, les Municipalités de Saint-Gilles, Croix-de-Vie et Saint-Hilaire-de-Rié procédèrent en commun à la plantation d'un Arbre de la Liberté, sur la place du « Bonnet de la » Liberté », ancienne place du Baril, à Saint-Gilles, aux cris de : « Vive la République Fran- » çaise ! Vive la Convention nationale ! Vivent les » Armées de la République ! »

Le 2 décembre, il fut procédé au renouvellement de la Municipalité. 29 citoyens actifs étaient présents, le docteur *Julien Merland,* fut élu maire dès le premier tour à la majorité absolue, il refusa, mais après deux autres tours de scrutin,

19 voix sur 25 votants s'étant prononcées pour lui il fut forcé d'accepter. Giron fut nommé par 16 voix, procureur de la commune. Mais le 16, Giron ayant été nommé juge de paix du canton, Jacques-Salomon Bénéteau, lui fut substitué comme procureur de la commune. Le nouveau Conseil permanent de la commune fut installé et prêta serment le 19.

Le 11 mars 1793, soixante et quelques Gardes nationaux de Saint-Gilles, se rendaient à Challans, appelés par le district, pour réprimer des troubles qui s'étaient produits à Beauvoir, à l'occasion de l'organisation de la Garde nationale, c'est le commencement de la grande insurrection.

Le 12, le Conseil général de la commune de Saint-Gilles refusait de la poudre à canon à la commune de Saint-Jean-de-Mont sans autorisation du district, et il décidait que celui-ci avait prié d'enlever les deux pierriers qui étaient à Saint-Jean-de-Mont « attendu le petit nombre de » patriotes de cet endroit ».

Le 13, il était ordonné des patrouilles de nuit, on recevait des nouvelles alarmantes de toutes parts, on apprenait que la commune très voisine de l'Aiguillon était soulevée.

Enfin le 14 mars, le Conseil général de Saint-Gilles prenait la délibération suivante : « La cer- » titude de l'attroupement et de l'approche des » brigands insurgés se réalise de moment à » l'autre, depuis les deux heures de ce jour qu'est » arrivé le citoyen Raffin, commandant du batail- » lon de ce canton, lequel nous a dit que le dis-

» trict de Challans avait évacué et se repliait sur » les Sables, que lui-même avec sa troupe allait » l'y joindre, ainsi qu'il l'a fait, et que nous eus- » sions à les imiter.

» En conséquence, oui et requérant le Procu- » reur de la commune, attendu l'urgence, nous » avons mis les registres en sûreté autant qu'il a » été possible, et nous sommes retirés pour éva- » cuer Saint-Gilles jusqu'à ce que nous puissions » y rentrer avec des forces ».

» Signé : Cavois, P. Cougnaud, Péau fils,
» Daniel, Merland, maire, E. Gratton,
» J. Gaborit, greffier ». (1)

Le 9 avril suivant, la deuxième colonne de l'armée républicaine des Sables, sous le commandement d'Esprit Baudry, se présentait devant Saint-Gilles qui avait été évacué par les Royalistes dès le matin et l'occupait sans coup férir. Dans la soirée elle était rejointe par la première colonne de l'armée sous les ordres du commandant en chef Boulard, laquelle était passée par la Mothe-Achard. Les forces alors réunies à Saint-Gilles s'élevaient à 7,000 hommes. Le lendemain, trois frégates et une corvette de la marine française vinrent croiser devant Saint-Gilles. Le représentant Niou qui montait une des frégates fit passer à Boulard des vivres et des munitions dont il avait le plus grand besoin. Celui-ci établit sa première colonne à Saint-Gilles, et fit passer la seconde de l'autre côté de Croix-de-Vie. Dans la journée du

(1) Registre de Saint-Gilles.

10, le général républicain fut averti qu'un rassemblement de plusieurs milliers d'insurgés cherchaient à gagner la côte dans la direction de Saint-Hilaire, sans doute dans le but de soutenir un débarquement, qu'ils croyaient venir d'Angleterre. La division d'Esprit Baudry fut dirigée contre eux et les repoussa en leur faisant une quarantaine de prisonniers, et une soixantaine de morts dont le vicaire de Soullans, parmi les blessés qui étaient très nombreux se trouvait le principal chef du rassemblement, Jolly, qui devait devenir si célèbre depuis. (1)

Le lendemain 11, l'armée se remit tout entière en marche sur Challans, elle laissait à Saint-Gilles comme garnison, le 9e bataillon de la Gironde, composé de 485 hommes, sous les ordres commandant Praëfke.

Le 12, les autorités de Saint-Gilles revenues la veille reprenaient leurs fonctions. Il était décidé qu'on mettrait de la paille dans l'église pour loger une partie des soldats, plusieurs maisons dont l'ancienne cure étaient affectées au logement des autres. Le Conseil général de la commune était requis de se tenir en permanence pour partager le travail de la Municipalité.

Le 20, la garnison de Saint-Gilles recevait de l'armée de Boulard revenue de Challans sur La Mothe-Achard et Vairé où elle s'était concentrée après avoir rétabli le pont de La Chaize détruit

(1) Chassin. — VENDÉE PATRIOTE, t. I, p. 181. (extrait des papiers de Boulard).

par les insurgés *(V. l'excursion à L'Aiguillon et La Chaize-Giraud)*, un renfort de 150 hommes d'infanterie et de 10 cavaliers.

Le 27 avril, André-Ephrem Cavois, négociant et ancien Officier municipal de Saint-Gilles, était condamné à mort par la Commission militaire des Sables, comme « agent des attroupés, ayant » obtenu parmi eux un grade, ayant donné des » billets de laissez-passer, ayant causé amicale» ment avec un chef des brigands et correspondu » avec la plus scélérate femme qui existe dans la » cohorte et un prêtre réfractaire. » (1) Il fut exécuté le même jour, à 6 heures du soir, en même temps qu'un marin de Croix-de-Vie et un douanier de Saint-Hilaire-de-Rié.

Le 19 mai, il était institué à Saint-Gilles une compagnie de Garde nationale soldée de 78 hommes.

Le 2 juin, la *Société des Amis du Peuple de Saint-Gilles* applaudissait un discours du citoyen Idt, grenadier au 9e bataillon de la Gironde, contenant un chaleureux appel aux égarés de la Vendée, elle le faisait imprimer aux Sables à ses frais et répandre aux avant-postes, dans les campagnes voisines.

Le 2 juillet, conformément à la réquisition de Gaudin, commissaire de la Convention, le maire de Saint-Gilles fait charger sur deux chaloupes un nombre considérable de débris de cloches

(1) D'après les papiers de la Commission militaire aux archives de la Vendée.

provenant de Saint-Hilaire-de-Rié, Croix-de-Vie et Saint-Gilles et les fit adresser aux Sables aux administrateurs du district. (1)

Le 10 juillet, le poste du Pas-aux-Petons, occupé par 75 hommes sous le commandement du capitaine Micas, du 9e bataillon de la Gironde, fut vivement attaqué par les Royalistes. Tout le monde lâcha pied, sauf un sous-lieutenant et un Volontaire qui tuèrent aux assaillants 3 hommes et 3 chevaux. Grâce à leur exploit, les Royalistes hésitèrent à avancer, la garnison de Saint-Gilles fut avertie et un combat se livra près du Fenouiller, où les Républicains blessèrent un des fils du redoutable Joly et tuèrent un autre chef le chevalier de Rorthais. (2)

L'acte héroïque du sous-lieutenant Desert et de son compagnon fut dans la journée même signalée au district des Sables et au général Boulard par Esprit Baudry. L'assemblée décida qu'il serait fait mention au procès-verbal du trait héroïque de ces deux Volontaires et délégua son président Mourain et un de ses membres qui reçurent mission de se transporter à Saint-Gilles, pour témoigner aux deux héros la satisfaction dont l'assemblée était pénétrée et leur imposer la couronne civique.

Le capitaine Micas, arrêté et conduit aux Sables par ordre du général, y resta emprisonné

---

(1) Merland. — NOTES ET DOCUMENTS pour servir à l'Histoire du district de Challans, p. 47.

(2) Chassin, loc. cit., p. 387.

jusqu'à l'organisation de la justice militaire. Il fut le 25 frimaire an II (15 décembre 1793) destitué de son grade et déclaré « incapable d'occuper au- » cune place supérieure dans les armées de la » République. »

La garde du Pas-aux-Petons, après les deux surprises du 13 juin et du 10 juillet, semblait beaucoup plus onéreuse qu'utile à la *Société des Amis du Peuple de Saint-Gilles et Croix-de-Vie* qui trouvait trop peu nombreuses les troupes affectées à la défense de ces deux localités ; la garnison elle-même, dans un conseil de guerre, se prononça pour l'abandon d'un poste réputé trop avancé, mais Boulard ne voulut pas y consentir ; il fit au contraire réoccuper le Pas-aux-Petons, il envoya l'ingénieur Lostrange établir à cet endroit un petit retranchement à quatre faces et il fit relier ce poste à Saint-Gilles en mettant 100 hommes au Fenouiller.

Les Royalistes renouvelèrent contre le Pas-aux-Petons plusieurs attaques, dont la plus importante eut lieu le 29 juillet, (1) mais elles échouèrent toutes.

Le 22 juillet 1793, à six heures du soir, on reçut à Saint-Gilles du district de Challans, toujours réuni à celui des Sables, le texte de la nouvelle constitution définitivement adoptée par la Convention le 24 juin précédent et qui était soumise à la sanction du peuple. La Municipalité, accompagnée du commandant de place Praëfke, des

(1) Savary, t. I, p. 408.

adjudants généraux du bataillon de la Gironde et du 25e bataillon de la Charente, ainsi que du juge de paix et de ses assesseurs, se rendit immédiatement sur la place de la Liberté. Au milieu d'un carré formé par les troupes, le maire lut l'acte constitutionnel, les décrets, et annonça, pour le prochain dimanche 28, la convocation des électeurs primaires dans l'église, à 8 heures du matin, le tout aux cris de : « Vive la République une » et indivisible ! » (1)

L'assemblée se tint au jour dit ; sur 42 électeurs présents, 41 votèrent l'acceptation, 1 se refusa à voter. *Henri Collinet* fut nommé pour porter le procès-verbal à la Convention.

En vertu du décret du 27 juin 1793, toutes les villes de la République devaient dresser le 10 août, à la même heure, sur leurs places principales, l'Autel de la Patrie, pour célébrer l'acceptation de la Constitution par le Peuple français. Aussi ce jour-là, suivant un arrêté pris la veille, tous les Officiers municipaux et les Notables de Saint-Gilles ayant à leur tête le maire *Merland*, qu'accompagnait le curé constitutionnel *Hillairet*, se rendaient à 2 heures après-midi, avec les chefs des troupes et les Municipalités des trois autres communes libres du canton, Croix-de-Vie, Saint-Hilaire-de-Rié et Le Fenouiller, invitées, dans les grandes allées du Château. Toute la garnison s'y trouvait sous les armes autour d'un Autel sur lequel montèrent les autorités qui donnèrent lec-

(1) 4e Registre municipal de Saint-Gilles.

ture de l'acte constitutionnel et du décret du 27 juin. Une salve de sept coups de canon accompagna cette lecture. Puis le commandant de place communiqua le texte du serment qui lui avait été adressé par le général Baudry : « Je jure soumis- » sion et obéissance aux lois du Peuple ; de main- » tenir la Liberté et l'Egalité, la sûreté des » personnes et des propriétés ; de provoquer le » glaive sur tout dévastateur ; de combattre les » tyrans, les fanatiques, les anarchistes et de » mourir, s'il le faut, pour l'unité et l'indivisibi- » lité de la République. »

Les autorités, l'état-major, les troupes et les assistants prêtèrent le serment aux cris de : « Vive » la République française une et indivisible ! » et une salve de sept coups de canon termina la cérémonie.

Le 28 septembre, la Municipalité de Saint-Gilles délivrait un certificat de « mœurs, conduite, » prudence et probité, comme un acte de justice » et un témoignage pour les services qu'il lui » avait rendus ainsi qu'à ses voisins » au commandant Praëfke, du 9e bataillon de la Gironde, « mis en état d'arrestation sur l'ordre des repré- » sentants » et conduit auprès d'eux à Fontenay.(1)

Le 13 octobre, les membres des Conseils généraux des communes de Saint-Gilles, Croix-de-Vie, Saint-Hilaire et Le Fenouiller se réunissaient à la maison commune de Saint-Gilles, avec Pierre-

(1) Malgré ce certificat Praëfke fut privé de son grade et subit une longue détention.

Joseph Rousseau, commissaire du district de Challans, en ce moment réfugié aux Sables, à l'effet de fixer le *maximum* du prix des denrées de première nécessité, conformément au célèbre décret de la Convention nationale du 29 septembre précédent. (1)

Le 9 janvier 1794, conformément à une délibération prise la veille par le Conseil général de la commune, fut célébrée la Fête de la Raison. Le Conseil genéral de la commune sortit de la maison commune à 10 heures du matin pour se rendre à l'ancienne église transformée en temple de la Raison. Les rues qui y conduisaient étaient bordées de deux haies de soldats. Entré dans le temple il y prit place dans le chœur avec les Officiers municipaux et les membres du Conseil de la commune de Croix-de-Vie, le Président de la Société Sans-Culottide de Saint-Gilles et divers membres de la Société Populaire de Croix-de-Vie, du Tribunal de Paix et de la Commission administrative.

---

(1) Voici à titre de curiosité quelques-uns des prix fixés : Viande fraiche, 8 sous la livre ; viande salée, le même prix ; lard frais et salé, 12 sous ; beurre, 13 sous ; vin de terre, 53 livres la barrique ; vin de sable, 26 livres 10 sous ; eau-de-vie, 36 sous la bouteille ; vinaigre, 53 livres la barrique ; cidre, 40 livres la barrique ; bière, 48 livres la barrique ; bois de fagot, 16 livres le cent ; la corde de bois, 32 livres ; genêt, 8 livres le cent ; charbon de bois, 2 sous la livre ; charbon de terre, 5 livres 6 sous le boisseau ; la chandelle, 1 livre ; la résine, 4 sous ; l'huile à brûler, 1 livre ; le sucre en pain, 2 livres 8 sous ; le sucre brut, 1 livre.

Le Président de la Société Sans-Culottide entonna un hymne à la Liberté avec accompagnement de tambours et autres instruments, puis des orateurs firent des discours de circonstance. Les discours finis, la Liberté, *représentée par un jeune Volontaire costumé*, et qui était alors restée sur l'Autel, fut élevée sur un brancard porté par quatre grenadiers, elle foulait aux pieds les droits féodaux. On se rendit sur la place de la Liberté où avait été élevé un Autel sur lequel reposa la *Déesse*, les titres féodaux qu'elle foulait aux pieds furent jetés dans un brasier où brûlaient déjà beaucoup d'autres. La Liberté replacée sur le brancard fut reportée au temple de la Raison où on jura de ne reconnaître désormais d'autre culte que celui de la Raison. On chanta des strophes à la Liberté, puis la foule se sépara aux cris de : « Vive la République ! Vive la Montagne ! » Le reste de la journée se passa en danses et réjouissances sur la place de la Liberté où la Municipalité avait fait porter deux barriques de vin. (1)

Le 11 pluviôse (30 janvier 1794), le commandant de Saint-Gilles qui s'appelait désormais *Port Fidèle*, recevait de Rouvière, commissaire du Comité de surveillance et révolutionnaire des districts des Sables et Challans réunis, l'ordre de faire arrêter le juge de paix de Saint-Gilles, Hilaire Giron, qui fut transféré à l'île de la Montagne (Noirmoutiers). Le 16 prairial suivant (4 juin), Giron passa devant une Commission mili-

(1) Papiers de Saint-Gilles.

taire qui le reconnut innocent. Le Conseil général du district le déclara réintégré dans sa place de juge de paix où Rosero l'avait remplacé provisoirement.

La fête que nous venons de raconter devait rapidement porter ses fruits. Les Volontaires abattirent des statues et dégradèrent des tableaux dans le temple de la Raison (ancienne église) ; pour empêcher ces faits de se renouveler, le Conseil de la commune arrêta le 17 pluviôse (5 février 1794), que toutes les statues, les tableaux et autres effets susceptibles de dégradation, pouvant se trouver dans le temple, seraient démontés de suite et renfermés dans la sacristie.

Le mouvement anti-religieux s'accentuait de plus en plus et le 7 mars 1794 (17 ventôse an II de la République), nous assistons à un triste évènement qui sera toujours pour Saint-Gilles un de ses plus pénibles souvenirs, c'est non seulement la déprêtrisation du curé Hilairet, ce qui n'eût constitué en définitive qu'une nouvelle défaillance de celui-ci, après celle qu'il avait commise en prêtant le serment constitutionnel, mais encore ce qui est plus grave et mille fois plus regrettable l'abandon de tout culte par la commune tout entière ou du moins ceux qui prétendaient parler en son nom. Voici, en effet, ce qui est dit à ce sujet dans le registre de la commune :

« Hier soir, dans le lieu ordinaire des séances
» de la Société populaire de cette commune où
» assistait également le citoyen Hilairet, curé de
» ladite commune, nos concitoyens ayant mani-

» festé hautement leur opinion et déclaré ne » vouloir plus de curé, ledit Hilairet ayant également déclaré vouloir renoncer à toute fonction » ecclésiastique et à sa qualité de prêtre ; en conséquence desdites déclarations, ouï l'agent » national, nos concitoyens ayant été invités à se » réunir ce soir à la maison commune pour déclarer leurs intentions, « comparu le citoyen » Hilairet, qui, sans en être invité ni requis en » aucune manière, a déclaré renoncer dès ce » jour à toutes ses fonctions curiales et à sa » qualité de prêtre, et a déposé sur le bureau ses » lettres de prêtrise. » A ce moment un grand » nombre de nos concitoyens, c'est-à-dire la » grande majorité, a hautement déclaré à l'unanimité ne vouloir plus de curé et ne vouloir » reconnaître d'autre religion que celle de la » Raison. »

La veille, le 16 ventôse (6 mars 1794), Malescot, ancien secrétaire-greffier de l'administration avait été arrêté par la force armée comme suspect et conduit aux Sables.

L'année suivante, 10 août 1795, le commandant de place de Saint-Gilles, Billaud, ayant appris que des navires anglais s'apprêtait à débarquer au Bec, entre Saint-Jean-de-Mont et Croix-de-Vie des armes et des munitions à destination des armées de Charette et de Safinaud, envoya à cet endroit le capitaine Bournonville avec 100 hommes de son bataillon. Mais celui-ci se trouva bientôt en présence de plus de 2,000 Vendéens qui procédaient au changement des effets débarqués. Ayant reçu des renforts il les attaqua avec les 360 hommes, mais après un combat opiniâtre il fut contraint de se retirer après avoir eu 50 hommes tués ou blessés, et le convoi fila sur Soullans. (1)

La même année (27 thermidor an III), le commandant de place faisait au Conseil général de la commune, assemblé extraordinairement, un rapport duquel il résulte qu'il y avait eu la veille dans la 7e compagnie du bataillon des chasseurs de Cassel, une grave rébellion à l'occasion de l'arrestation d'un caporal de ce bataillon qui avait violé une femme de Saint-Hilaire. Il avait fallu employer l'intervention d'un autre corps de troupe de la garnison pour mettre les mutins à la raison. (2)

Chaque jour, du reste, arrivaient à la Municipalité des plaintes contre les Volontaires de la garnison qui pillaient, violaient et assassinaient aux environs de Saint-Gilles. (3)

Un arrêté du Conseil général de la commune du 7 floréal an IV, décide que les insurgés devant attaquer Saint-Gilles sous peu de jours pour faciliter un débarquement, tous les habitants non employés au service de la garnison sont invités à travailler à un retranchement destiné à défendre la commune du côté de la garenne.

Le 10 messidor an V, on célébrait à Saint-

(1) Savary, t. v, p. 309.

(2) Registre de Saint-Gilles.

(3) id. id.

Gilles la fête de l'Agriculture, le 26 messidor, celle de la Fédération, et le 10 fructidor, celle des Vieillards. Le 25 fructidor an V, on recevait à Saint-Gilles, l'adresse du Directoire aux Français à l'occasion du 18 fructidor. La lecture des nouvelles occasionnait un grand enthousiasme.

Le 1er vendémiaire an VI, la force armée et la Garde nationale célébraient sur les allées, avec la Municipalité une fête en l'honneur de la fondation de la République. Après un discours du Président, tous les assistants prêtaient serment de haine à la Royauté, fidélité et attachement à la République et à la constitution de l'an III.

Le 30 vendémiaire suivant avait lieu une cérémonie funèbre à l'occasion de la mort de Hoche, le citoyen Achard, président de l'Administration prononçait un discours.

Le 26 messidor an VII, en présence de l'apparition journalière de l'ennemi sur les côtes et de ses projets de débarquement, la garde nationale de Saint-Gilles et de Croix-de-Vie était mise en réquisition pour veiller à la sûreté des côtes et à la défense des batteries concurremment avec les troupes. Cette mise en réquisition cessait le 19 thermidor pour reprendre le 29 du même mois à l'occasion des foires de Saint-Gilles.

Le 18 floréal an VIII, conformément à l'arrêté des Consuls du 11 ventôse, l'Administration municipale ayant été prévenue par le Commissaire du gouvernement que le citoyen Gaudin sous-préfet des Sables était entré en fonctions, cessait les siennes. Le Juge de paix mettait les scellés sur les salles contenant les papiers de la Municipalité afin qu'il en fut dressé ultérieurement état.

Le 9 pluviôse, an VIII, les dangers d'attaque du côté de la terre ayant disparu, on démolit les retranchements élevés sur la saline de Croix-de-Vie et qui détournaient le cours ordinaire des eaux.

X. — Saint-Gilles-Croix-de-Vie depuis la Révolution jusqu'à nos jours

PENDANT tout le cours du Consulat et de l'Empire, rien de bien intéressant ne se passa à Saint-Gilles ou à Croix-de-Vie. Mentionnons toutefois le rétablissement du culte catholique qui eut lieu le 21 floréal an XI, par suite de l'installation de M. Pierre Grau, comme curé de Saint-Gilles, par les soins de l'abbé Charles-François de La Rochefoucauld, commis à cet effet, par Mgr du Hardoy, évêque de La Rochelle. Cette installation eut lieu solennellement en présence du maire, François Renaud (1), des adjoints, du juge de paix, des officiers de la garnison et de plusieurs autres citoyens.

Ces localités étaient toujours occupées par une petite garnison, plusieurs batteries avaient été armées sur la côte, afin de résister en cas de tentative de débarquement des Anglais, mais elles n'eurent pas à servir. C'est M. Pierre Joubert qui avait été délégué pour représenter les deux communes au couronnement de l'Empereur.

(1) Bisaïeul de l'Auteur.

Au moment des Cent-Jours, Saint-Gilles et Croix-de-Vie furent par contre un des principaux théâtres des évènements qui se passèrent dans la contrée.

Les Anglais, comme pendant la grande Révolution, vinrent déposer sur la côte des armes et des munitions de guerre pour les Vendéens. Louis de La Rochejaquelin, généralissime des armées Vendéennes, accompagné du général Canuel occupait Croix-de-Vie avec quelques centaines d'hommes le 13 juin 1815, tandis que le général Grasbon arrivait à Saint-Gilles le 2 juin dans l'après-midi avec des troupes impériales en nombre à peu près égal. Pendant que ce débarquement se faisait vers Croix-de-Vie, les Bonapartistes commencèrent à tirer sur les Vendéens des dunes et de Saint-Gilles. Ceux-ci ripostèrent vigoureusement et le combat se prolongea ainsi très avant dans la nuit. La fusillade reprit le lendemain 3 juin à la pointe du jour, pendant que le débarquement recommençait. Le général Grasbon monté dans le clocher de Saint-Gilles, examinait de là avec une longue-vue ce qui se passait sur la côte. Un paysan qui le voyait de temps en temps regarder par une lucarne, le guetta pour lui tirer un coup de fusil, et à un moment où le malheureux Grasbon montra sa tête, l'ajusta et le tua. (1)

(1) D'après une tradition conservée dans le pays, Grasbon ne serait pas mort sur le coup, mais ses soldats qui ne l'aimaient pas, l'auraient descendu du clocher par les pieds, en laissant frapper sa tête sur chaque marche, ce qui l'aurait achevé avant qu'il fut

Suivant leur coutume, les Maraîchins célébrèrent immédiatement ce coup d'adresse extraordinaire par cette chanson, populaire encore chez eux.

Oh ! Oh !
A bas la République
Gai ! Gai !
Vive la Royauté.

Oh ! Oh !
De Croix-de-Vie à Saint-Gilles
Gai ! Gai !
L'débarquement s'faisait.

Oh ! Oh !
Chez Guillon, de Saint-Gilles
Gai ! Gai !
L'étiant à déjeûner.

Oh ! Oh !
Le général Lamarque (erreur)
Gai ! Gai !
Monsti dans le cliocher.

Oh ! Oh !
Ine balle maraîchine
Gai ! Gai !
Li poquit par le nez.

Oh ! Oh !
Les bourgeois de Saint-Gilles
Gai ! Gai !
Montirant le chercher.

---

rendu en bas. Quoiqu'il en soit, Grasbon fut emmené aux Sables et enterré dans le cimetière de cette ville où on peut voir encore son monument en forme de pyramide.

Oh ! Oh !
De Saint-Gilles on l'emmène
Gai ! Gai !
A Land'vieill' chez Brunet.

Oh ! Oh !
De Land'vieill' on l'trimballe
Gai ! Gai !
Chez Ruchaud, à Vairé.

Oh ! Oh !
A Olonne, chez Duteille
Gai ! Gai !
Le l'avant charrié.

Oh ! Oh !
Les médecins dou Sables
Gai ! Gai !
Védirant le soigner.

Oh ! Oh !
La médecine fut boune
Gai ! Gai !
Alle le fit crever.

Oh ! Oh !
Dans le cimenter dou Sables
Gai ! Gai !
Le l'avant ensablié !

Oh ! Oh !
A bas la République
Gai ! Gai !
Vive la Royauté. (1)

(1) Cette Chanson, célèbre dans le Marais vendéen, a été chantée avec grand succès par M. Baudry d'Asson, député de la Vendée, à la buvette de la Chambre, dans des circonstances récentes.

Cependant malgré la mort de Grasbon la fusillade continuait d'un côté et le débarquement de l'autre, mais les Royalistes voyant l'obstination de leurs adversaires à soutenir la fusillade sans sortir de Saint-Gilles, comprirent que ceux-ci voulaient leur donner le change et laisser le temps à des forces plus considérbles de venir les attaquer dans la mauvaise position qu'ils occupaient. Aussi le général en chef fit cesser le débarquement et ordonner la retraite. Les voitures chargées furent dirigées sur le Marais sous les ordres de quelques officiers, et les combattants se mirent en marche dans la direction de Saint-Jean-de-Mont *(V. l'Excursion aux Mathes)*.

Depuis cette époque troublée, Saint-Gilles et Croix-de-Vie n'ont cessé de vivre dans le plus grand calme et les évènements de 1832 eux-mêmes n'y eurent aucune répercussion. Pendant une grande partie de ce siècle, leur petit port a connu une véritable prospérité et on y faisait des embarquements très importants. Ses foires et particulièrement celles du mois d'août qui duraient plusieurs jours et attiraient toutes les populations environnantes y compris les *Ilais* ou habitants de l'Ile-d'Yeu qui venaient y faire leurs provisions, étaient extrêmement brillantes. Mais depuis une vingtaine d'années tout cela est bien changé, les blés ne s'expédient plus par suite de la concurrence américaine, et malgré d'incessantes réclamations on n'a rien fait pour améliorer l'entrée du port qui se comble de plus en plus ; si bien que tandis qu'il y a quelques années le port recevait facilement des navires de 100 ou même 150 tonneaux, aujourd'hui de simples chaloupes de pêche de 20 ou 30 tonneaux ne peuvent plus y entrer par toutes les marées, aussi les usines qui confisent le thon sont souvent obligées de le faire venir par chemin de fer ou par roulage.

A un certain moment Saint-Gilles et Croix-de-Vie ont pu croire qu'elles étaient entrées définitivement dans la voie de la prospérité, quand elles ont vu construire sur leur territoire de nombreuses usines de conserves de sardines qui chaque été jetaient dans le pays des sommes très considérables et occupaient à des conditions très rémunératrices une grande partie de la population. Mais hélas ! depuis quelques années la sardine a disparu de nos côtes, et du coup la source de prospérité s'est trouvée tarie. Cependant il est impossible qu'un jour ou l'autre les réclamations des deux communes ne soient pas entendues des pouvoirs publics, et qu'on ne fasse pas à l'entrée du port les travaux, peu dispendieux du reste, nécessaires pour en rendre l'accès facile aux bâtiments de cabotage et surtout aux chaloupes de pêche. Il est permis d'espérer, d'autre part, que la sardine qui pour des causes sur lesquelles on n'est pas encore absolument fixé jusqu'ici, a émigré de nos côtes y reviendra à un moment donné ainsi qu'elle l'a fait plus d'une fois dans le cours de ce siècle.

En tous cas depuis une quinzaine d'années la locomotive est venue apporter sur les quais de Croix-de-Vie, le mouvement et la vie.

Elle y amène tous les ans un nombre plus considérable d'étrangers, attirés par la salubrité de l'air, par la belle Plage de Saint-Gilles et les superbes rochers de Croix-de-Vie et de Sion, non moins que par le bon marché des logements et la facilité de la vie. Et du jour où habitants et municipalités seront décidés à faire ce qu'il faut pour cela, du jour surtout où le tramway à vapeur dont il est question depuis longtemps et qui doit relier la Barre-de-Mont aux Sables-d'Olonne en passant par Saint-Gilles-Croix-de-Vie sera construit, nos deux localités (1) qui se complètent admirablement l'une par l'autre, sont certainement appelées à devenir une des premières Stations balnéaires de la région.

En attendant ce tramway qu'avec les populations de nos côtes nous appelons de tous nos vœux, il est possible, que dans un temps extrêmement rapproché, il s'établisse entre la Barre-de-Mont et les Sables en passant par Saint-Gilles-Croix-de-Vie, une correspondance de voitures publiques automobiles qui aurait toutes chances de réussite et serait appelée à rendre les plus grands services.

XI. — Monuments

Il existe à Saint-Gilles et à Croix-de-Vie peu de monuments. Le seul qui présente quelqu'intérêt, au point de vue archéologique, est l'Eglise

(1) Population de Saint-Gilles, 1,816 hab.; population de Croix-de-Vie, 1,648 hab.

de Saint-Gilles qui reconstruite vers le XIVe siècle sur l'emplacement de l'ancien prieuré bénédictin fut presque entièrement détruite par les Calvinistes vers la fin du XVIe siècle ou au commencement du XVIIe, sauf le côté nord et la tour du clocher qui existent encore.

Dans cette nef latérale, on remarque une très belle fenêtre style Renaissance, et à l'intérieur dans la chapelle de la Vierge, trois curieux pendentifs représentant Moïse, David et Isaïe. A une clef de voute, du même bas-coté, se voient encore des armoiries. Misérablement rebâtie au XVIIe siècle, ainsi que nous l'avons dit plus haut, l'Eglise de Saint-Gilles a été restaurée en 1873, par les soins de M. Clair, architecte départemental. On a eu le tort de sacrifier lors de cette restauration un magnifique retable sculpté sur pierre de Crazanne, dans le style de la Renaissance et qui remplissait tout le fond du chœur, derrière le grand autel. Dans ces derniers mois, une opération de grattage de la partie ancienne de l'Eglise a mis à jour des choses intéressantes.

Ainsi que nous l'avons déjà dit, c'est dans le clocher de l'Eglise de Saint-Gilles que le général Grosbon fut tué le 3 juin 1815 et le tonnerre tomba sur ce clocher le 12 février 1787. Il y est de nouveau tombé au mois de juillet 1894, en mettant le feu et causant des dégâts sérieux.

Au Cimetière de Saint-Gilles qui mérite d'ailleurs une visite par sa jolie situation sur les bords de la *Vie*, et où on se rend en suivant le quai (à gauche en venant de Croix-de-Vie), on remarque une croix hosannière assez ancienne, mais mal restaurée, et quelques pierres tumulaires datant des xve, xvie et xviie siècles.

A Croix-de-Vie, il faudra visiter la très jolie Eglise moderne en style roman byzantin, dont nous avons déjà parlé, et bâtie en 1895-96 sur les plans de M. Ménard, architecte à Nantes, presque sur l'emplacement de l'ancienne Eglise, fondation de Marie de Beaucaire et de Marie de Luxembourg.

A une certaine distance de l'Eglise de Saint-Gilles, sur la route d'Aizenay et dans le champ où se trouve aujourd'hui le Calvaire, lequel champ s'appelle du reste encore le *Champ de la Chapelle*, s'élevait la Chapelle de Notre-Dame-de-Recouvrance, fondée vers le xviie siècle, et qui, disparue pendant la Révolution, a été relevée non loin de son emplacement primitif, dans l'enclos de l'École libre des Frères de Saint-Gabriel.

Sur la même route et à une centaine de mètres du Calvaire s'élève dans une très salubre situation un fort bel Hôpital dû à la libéralité d'un généreux donateur, M. Torterue.

EXCURSIONS

SAINT-GILLES-CROIX-DE-VIE peut être le point de départ de nombreuses et intéressantes Excursions dont nous allons indiquer les principales.

I. — SION

A). En suivant le bord de la mer, à pied, à âne ou à cheval (pas praticable pour les bicyclettes) 6 kil. environ aller et retour en partant de l'extrémité des quais de Croix-de-Vie.

On traverse la voie ferrée au passage à niveau, on passe devant les Châlets de Boisvinet. Une fois arrivé à l'endroit appelé la *Pelle à Porteau (V. plus haut)* où s'arrête actuellement la route, on traverse une petite Plage, puis on prend un chemin qui s'élève au flanc de la falaise. Bientôt on se trouve sur un vaste plateau inculte qui appartient à la section de commune des Bussoleries dont font partie les quelques maisons qu'on aperçoit sur sa droite, abritées contre les fureurs du vent de mer par des remparts de sable. En se

Les Cinq-Pineaux

dirigeant vers la pointe de la falaise qui avance en mer, on longe les ruines d'une ancienne batterie qui avait été établie dans cette situation fort dominante pendant les guerres du premier Empire (on peut monter sur les parapets en ruine d'où la vue est très belle). Une fois rendu sur le bord de la falaise, on a devant soi, à environ 2 ou 300 mètres en mer un gros rocher ou plutôt un amoncellement de rochers, c'est ce qu'on appelle *Pilours* (1). Sur ce rocher, qui au témoignage des très anciens habitants de Saint Gilles, était beaucoup plus étendu autrefois qu'il ne l'est aujourd'hui, rongé qu'il est constamment par la mer, se passa au siècle dernier un dramatique évènement.

Le 12 février 1787, sur les 11 heures du matin, un navire nommé la *Ville-du-Cap* de 350 à 400 tonneaux, commandé par le capitaine Digeard de Cherbourg, et portant une cargaison estimée environ 500,000 francs, vint, poussé par la tempête, donner sur le rocher de Pilours et fut rapidement démoli. Des 29 hommes qui étaient à bord, 5 se noyèrent, les 24 autres parvinrent au rocher. « La » mer continuant d'être la plus furieuse qu'on » vit jamais » disent les relations du temps (2) on ne put dans le soir sauver que 4 de ces malheureux qui se jetèrent à la mer à l'approche d'un canot qu'on avait envoyé et qui ne put aborder le rocher. Les 20 autres y passèrent la nuit du 12 au

(1) Pilours veut dire pillier en langue celtique.

(2) Registres paroissiaux de Saint-Gilles-Croix-de-Vie.

13, luttèrent « contre le vent, la mer, la faim et » la soif » se voyant à chaque instant à la veille d'être détachés du rocher auquel ils se tenaient cramponnés, « la mer le couvrant à la réserve de » 18 pouces du sommet au-dessus d'elle ». 13 de ces malheureux succombèrent dans cette terrible nuit, et 3 dans la journée du lendemain.

Le mardi matin un grand nombre d'habitants de Croix-de-Vie et de Saint-Gilles, hommes et femmes qui n'avaient quitté la côte qu'à l'entrée de la nuit revinrent pour encourager et essayer de sauver le reste de ces malheureux échappés à la mort. Avec beaucoup de travail et à force de bras et à l'aide de bœufs on parvint à amener dans l'anse de la *Pelle à Porteau* la chaloupe de M. Ingault, négociant à Croix-de-Vie. Mais la mer ne se calmant pas on ne put aller au rocher que le soir à la basse mer où on prit les quatre hommes qui restaient et parmi ceux-ci le capitaine, le pilotin et deux matelots, ils étaient presque mourants. Le lendemain la mer étant devenue calme, on alla chercher les cadavres dans les rochers, on les entassa dans une charette et on les inhuma dans le cimetière de Croix-de-Vie. M. *Bouhier de la Davière*, curé de Saint-Gilles, donna l'absoute en l'absence de M. l'abbé *Ténèbre*, curé de Croix-de-Vie.

En suivant le bord des falaises on ne tarde pas à rencontrer les ruines d'une ancienne Vigie, restaurées depuis peu par un propriétaire de Saint-Gilles qui en a fait un pavillon de plaisance, et les restes d'une batterie. Après avoir traversé sur des pierres un petit ruisseau extrêmement ferrugineux, on aperçoit sur le bord même de la falaise un assez grand espace rongé par l'eau de mer et d'où toute végétation a disparu. En approchant on constate qu'il existe là une large excavation au fond de laquelle, à marée haute, les vagues viennent se briser. C'est ce qu'on appelle le *Jet d'eau*, ainsi nommée parce que lorsque la mer est grosse, elle se brise avec une très grande force dans cette caverne et l'écume des vagues jaillit quelquefois par l'excavation dont nous venons de parler à plus de 15 ou 20 mètres de hauteur. Autrefois, l'orifice était beaucoup plus étroit et l'écume s'élevait par conséquent bien plus haut, mais ces roches friables ayant été corrodées par l'eau de mer un éboulement s'est produit, et il arrivera forcément que l'espèce de pont qui ferme encore du côté de la mer le trou du jet d'eau, s'écroulera à son tour dans un temps très rapproché. C'est par un fort vent d'Ouest ou du Sud-Ouest qu'il faut venir voir le *Jet d'eau*.

Peu après avoir passé le *Jet d'eau*, on aperçoit de très curieux rochers, notamment l'un d'eux qui est isolé du reste de la falaise et qui est percé du haut en bas d'une sorte de fenêtre. Si la mer est basse on peut descendre au pied même des falaises où on trouve une fort belle grotte où les touristes viennent souvent déguster les excellentes crevettes de Sion.

Enfin on aperçoit bientôt les Châlets de Sion.

Historique. — L'origine du village de Sion est extrêmement ancienne. On la croit celtique. L'ancien nom de ce village est *Sidun*. Il y existait jadis un prieuré, ainsi que le démontre une charte de l'an 1136, relative au don de divers domaines fait au prieuré de Givrand, dépendance de Saint-Michel-en-l'Herm, où figure parmi les témoins, Gaudin, prieur de Sidun. Dans une autre charte donnée en 1218 par Savary de Mauléon, à l'abbaye de Sainte-Croix-de-Talmond, figure aussi comme témoin Mathieu, prieur de Sidunt. A partir du XIIIe siècle on ne trouve plus trace du prieuré de Sion, qui a disparu par suite de circonstances restées inconnues dont l'action incessante de la mer sur le littoral ne fut peut-être pas la moindre, ainsi qu'il est facile de s'en rendre compte par les rochers qui sont assez loin en mer et qui constituent les restes des terres rongées par l'Océan. (1)

Pour la légende, ces énormes rochers étaient destinés à être employés au fameux pont Saint-Martin destiné à relier la Barre-de-Monts au continent. Saint Martin, le grand apôtre du Bas-Poitou, désirant en effet passer à l'île d'Oïa (ile d'Yeu) avait fait un marché avec Satan qui s'était engagé à lui construire un pont, à la condition que la première personne qui passerait dessus lui appartiendrait, mais le pont devait être terminé au premier chant du coq. Satan mit donc tout son

(1) Ces rochers s'appellent les Cinq-Pineaux, du celtique PEN (sommet), ou encore CINQ-MOINES.

monde en œuvre et pour lui donner plus de temps enivra le coq du village voisin. Mais sa ruse tourna contre lui, le coq n'ayant plus conscience de l'heure se mit à chanter au milieu de la nuit et immédiatement par une force surnaturelle, tous les travailleurs s'arrêtèrent et les pierres qu'ils transportaient restèrent à l'endroit où elles se trouvaient au moment où le coq chanta. C'est de cette façon poétique que l'imagination populaire explique la présence de toutes les grosses pierres répandues un peu partout dans notre pays depuis le Talmondais jusqu'à l'embouchure de la Loire.

De l'autre côté du village de Sion commence la superbe plage de Saint-Jean-de-Mont qui s'étend sur une longueur de près de 16 kilomètres. De Sion on aperçoit du reste les quelques châlets qui, à Saint-Jean-de-Mont, ont été construits sur le bord de la mer.

Par un temps clair on aperçoit aussi parfaitement l'île d'Yeu en face de soi. (1)

---

(1) D'après M. Bénéteau, l'honorable et distingué maire de Saint-Gilles, qui a bien voulu nous fournir plusieurs de nos étymologies, la véritable origine du nom de l'île d'Yeu, serait île DI HEUR (sans bonheur), en langue celtique. En effet l'île d'Yeu qui n'est qu'un grand rocher battu par les vents du large et naturellement assez aride, a été longtemps sans culture. Les KER qui sont joints à beaucoup de noms de lieux de l'île, les noms de plusieurs de ses habitants, comme Cadou, COAT-DOU (bois noir), Lancaud, LAND-COAT (la lande du Bois), son ancienne race de chevaux, l'origine de tous ses animaux domestiques, ses pierres druidi-

B) En voiture ou en vélocipède par la route. 12 kilomètres environ aller et retour en partant de l'extrémité des quais de Croix-de-Vie.

On prend le chemin de grande communication nº 16 allant dans la direction de Saint-Hilaire-de-Rié. Avant d'arriver à cette localité on traverse la voie ferrée, la route, après de nombreux circuits conduit au village de Sion. En arrivant au village se trouve à gauche, à peu de distance de la route, une petite auberge où on peut laisser les chevaux.

C) Il existe un troisième chemin, mais celui-ci non empierré, qui raccourcit en permettant de ne pas aller passer jusqu'à Saint-Hilaire. On prend celui-ci à un passage à niveau qui se trouve à environ 1 kilomètre de Croix-de-Vie. Les voitures peuvent y passer.

II. — SAINT-HILAIRE-DE-RIÉ
LA FÉE — LES DUNES

On suit la route précédente ou on prend le train jusqu'à la station de **SAINT-HILAIRE-DE-RIÉ.**

On entre bientôt dans le bourg qui n'offre rien de bien remarquable, que ses maisons soigneusement blanchies à la chaux, comme celles de tous les bourgs du Marais. Saint-Hilaire qui est une paroisse de 2,811 hab., possède une grande

---

ques ; tout démontre que ses premiers habitants furent des Celtes.

SAINT-HILAIRE-DE-RIÉ

Une Ferme au pied des Dunes

Eglise moderne, reconstruite sur l'emplacement de l'ancienne, vers 1867. Lors de cette reconstruc-truction on a eu la très bonne idée de conserver trois beaux retables du XVIIe siècle. Celui du milieu, derrière le grand autel, porte la date de 1671, il est orné d'une Descente de Croix, d'après Rubens. Celui de droite en entrant, porte la date de 1676 et contient une toile représentant la Cène, enfin celui de gauche est daté de 1673 et possède un tableau représentant la Vierge et l'Enfant Jésus secourant des naufragés. Dans une chapelle latérale derrière le retable de gauche, on remarque une très belle toile représentant un Moine en prière et que les connaisseurs attribuent au grand peintre espagnol Zurbaran.

Le Clocher de l'ancienne Eglise a été conservé, il est très recommandé d'y monter. On y jouit d'une vue magnifique.

Dans le Cimetière, on remarque une Chapelle qui est sous le vocable de *Notre-Dame-de-Pitié*. Cette Chapelle avait été construite en 1610, par Marie de Beaucaire, veuve de Sébastien de Luxembourg et dame de Rié, fondatrice de l'Eglise de Croix-de-Vie, ainsi que nous l'avons vu plus haut.

Ce monument forme un rectangle régulier de 10 m 50 de long sur 5 m 35 de large. Bien qu'il soit aujourd'hui dépourvu de tout ornement architectural, on reconnaît néanmoins que son style primitif était ogival. Ses contreforts sont hardis et terminés en triangles, ses fenêtres sont trifoliées. Des rinceaux de feuillage, des modillons variés, décoraient autrefois les chapitaux qui supportaient une voûte formant le plein cintre ; un clocheton surmonte la porte d'entrée.

Comme beaucoup d'autres monuments, cette Chapelle eut à souffrir des guerres de la Vendée. Elle servit pendant quelque temps de magasin à fourrage. Elle resta à l'état de ruine jusqu'en 1843, époque à laquelle elle fut restaurée sans goût. Depuis, on ne l'entretenait plus et elle tombait en ruine, quand en 1896, sur l'initiative de M. le curé Lelièvre, on ouvrit une souscription dans la paroisse et avec le produit et l'aide de M. Morineau, maire et entrepreneur de travaux publics, on fit une restauration très convenable.

Cette Chapelle était le lieu de sépulture de la plupart des jeunes enfants de Saint-Hilaire. Chaque année, la veuve de Sébastien de Luxembourg venait y faire célébrer une messe pour le repos de l'âme de son époux, et après sa mort qui eut lieu en 1613, les prieurs de Saint-Hilaire-de-Rié, y célébrèrent jusqu'en 1790, et tous les trente jours, une messe pour le repos des âmes des deux époux. (1)

Aussitôt après être sorti de Saint-Hilaire, on traverse la voie ferrée, puis au lieu de suivre la route qui continue dans la direction du Perrier *(V. l'Excursion suivante)*, on prend celle qui se présente à gauche et qui mène vers les **DUNES.** De chaque côté de la route, on aperçoit sur d'assez

(1) Pour monter dans le Clocher et visiter la Chapelle de Notre-Dame-de-Pitié, s'adresser à la Cure.

grandes étendues, des cultures maraîchères ; ces terrains frais et sablonneux dans lesquels des sources coulent à fleur de terre sont éminemment propres à cette culture, et ce sont eux qui approvisionnent abondamment pendant tout l'été le marché de Saint-Gilles-Croix-de-Vie. On les appelle la FÉE, ce qui veut dire *source*, dans le langage du pays (1). Ces terres s'y vendent communément sur le pied de 8 à 10,000 francs l'hectare. Mais il convient de dire qu'elles ne sont pas très étendues, 5 à 6 hectares à peine, et qu'elles sont extrêmement morcelées.

Après avoir passé la Fée on a à sa gauche les dunes boisées et à droite le commencement des Marais ; la première ferme qu'on trouve s'appelle la *Prévoté*, on peut demander au fermier l'autorisation d'y laisser sa voiture, mais il vaut mieux aller plus loin, laisser encore une seconde ferme le *Coin-de-Besse*, et s'arrêter à la troisième qui s'appelle la *Porte-de-Besse*, (2) 6 kilomètres environ de Croix-de-Vie, 3 de Saint-Hilaire. C'est en effet à peu près en face de cette ferme que se trouve la plus haute dune dont il faut faire l'ascension, qui est assez rude, à travers les sapins. Mais une fois en haut on est bien payé de sa peine, car on jouit d'une vue splendide sur la mer, le Bocage et le Marais.

Si on suivait la dune dans la direction de

(1) Il faut évidemment rechercher l'origine primitive de ce mot fée, dans le celte FET (fontaine).

(2) Entrée du Marais.

Saint-Jean-de-Mont, on rencontrerait à quelques kilomètres de là une dépression qui sépare la pointe occidentale de ce qui fut autrefois l'île de Rié, de l'ancienne île de Mont. Cette dépression fut jadis remplie par un bras de mer important appelé le canal de Besse. Un port d'une certaine profondeur, nommé le *Bec* (1) se trouvait à l'embouchure, et à des époques éloignées les navires ont laissé leurs délestages à des endroits comme le *Noureau* (2), *Gorge-d'Oie* (3) et la *Porte-de-Besse* dont nous parlons plus haut et qui sont aujourd'hui fort distants de la mer.

Le canal de Besse s'étendait du *Bec* au *Pont-d'Orouet* (4) sur une longueur de deux lieues, c'est lui qui séparait les îles de *Rié* et de *Mont*. Mais les deux dunes de Mont et de Rié venant à se rapprocher, le resserrèrent entre elles et finirent par le combler complètement. Le marais de Besse, qui avait son écoulement par le canal, se trouva enclavé et privé de dégorgement vers la mer. Pour remédier à cet inconvénient on creusa vers 1700, le canal de la Bardonnerie qui porte les eaux de ce marais à la *Vie*, à travers l'île de Rié.

---

(1) Pointe, bouche, en langue celtique.

(2) Eau noire, en langue celtique.

(3) Bord de l'eau, en celte, de GOR (bord), OUED (eau).

(4) OR, OUED, la porte du canal, en celte. (Etymologies fournies par M. Bénéteau).

III. — LES MATHES

20 kilomètres environ aller et retour en partant de l'extrémité des quais de Croix-de-Vie.

On prend la route de Saint-Hilaire-de-Rié *(V. l'Excursion précédente)* après avoir passé cette localité, on continue droit devant soi, on laisse sur sa droite à un endroit appelé le *Pont-de-l'Arche*, la route de *Notre-Dame-de-Rié*. Plus loin, au *Pissot* (3 kilomètres de Saint-Hilaire), on laisse à sa gauche la route de Saint-Jean-de-Mont et à sa droite celle de Soullans ; on suit toujours la route du Perrier, au milieu de nombreuses fermes et bourrines (1) et bientôt on arrive à la ferme des **MATHES** qui se trouve à l'extrémité d'une des pointes sablonneuses de l'ancienne île de Rié. Près de la ferme s'élève un petit bosquet ; au milieu est une allée et au fond de cette allée on voit une colonne, surmontée jadis d'une fleur de lys.

C'est le lieu précis où Louis de La Rochejaquelein a été tué en 1815, dans les circonstances que nous allons rappeler tout à l'heure ; aussi sur la colonne on lit ces mots : « *Hic cecidit !* » Quelques pas plus loin, du côté de la mer, se dresse une grande croix massive, sur le piédestal de la-

(1) Habitations du Marais construites en terres pilées avec de la paille et couvertes en chaume.

quelle on déchiffre péniblement cette inscription : « Sur ce tertre a été tué et ici couvert de terre, » Louis de La Rochejaquelein. »

Histoire. — C'était pendant les Cent-Jours, les Vendéens s'étaient soulevés à l'instigation des chefs royalistes et depuis plusieurs jours occupaient Croix-de-Vie où, comme on l'a vu plus haut, dans la notice historique de Saint-Gilles, ils travaillaient au débarquement d'armes et de munitions de guerre que leur apportaient des navires anglais, mais craignant d'être enveloppés dans Croix-de-Vie, par les troupes impériales, ils s'étaient décidés à cesser le débarquement et à faire leur retraite sur Saint-Jean-de-Mont, en faisant filer devant eux les voitures déjà chargées.

Nous allons donner la parole à un des témoins du combat, l'adjudant général Canuel (1) qui remplissait auprès de Louis de La Rochejaquelein les fonctions de major-général de l'armée royaliste :

« Ce que nous avions prévu des mouvements » des ennemis, dit Canuel, dans son mémoire, » ne manqua pas d'arriver. Le 4 juin, à 5 heures » du matin, on vint nous prévenir qu'une de leurs » colonnes se dirigeait de Rié sur Le Perrier par » Les Mathes ; elle était de 11 à 1,200 hommes. » Le général Estève, qui la commandait, ignorait » la position qu'occupait l'armée royale, forte » d'environ 900 hommes, sous le commandement » de M. Auguste de La Rochejaquelein, et s'avan-

(1) MÉMOIRES du Général baron Canuel. — Paris, Dentu, 1817.

LES MATHES

Une Bourrine sur le bord du Marais

» çait sans précaution vers le Marais. Le général » Travot était resté à Rié avec environ 150 » hommes.

» Notre général en chef, jugeant très bien la » faute que faisait le général Estève, commanda » à son frère Auguste de se porter sur ses derriè- » res et de lui couper la route des Mathes à Rié, » son unique point de retraite. Il envoya aussi » ordre aux habitants du Marais de se lever, et » de venir commencer l'attaque sur la tète de la » colonne, tandis que les troupes de M. Auguste » de La Rochejaquelein attaqueraient la queue. » Ces dispositions étaient sages et bien ordonnées; » les coups de fusil des Maraîchins devaient nous » servir de signal. Nous marchions avec une » extrême lenteur pour leur donner le temps de » se rassembler. Cependant le feu ne commençait » point encore ; quand tout à coup nos soldats » aperçoivent la colonne, se précipitent sur elle, » l'assaillent avec la plus vigoureuse intrépidité, » et engagent une fusillade terrible. (1) Effrayée » de tant d'audace, elle va se retrancher derrière » des fossés : nos paysans la suivent, et de posi- » tion en position, la poussent jusqu'à la ferme » des Mathes, sur le bord du Marais.

» Il fallait nous passer sur le corps ou mettre » bas les armes. Le général Estève fit des efforts » inouïs pour sortir d'une position critique : trois

(1) Les forces sous les ordres de Louis de La Rochejaquelein pouvaient s'élever à environ 1,300 hommes.

» charges à la baïonnette de sa part furent victo- » rieusement repoussées ; on se tirait à quinze » pas ; enfin, une quatrième charge, entreprise » en désespoir de cause, allait avoir le même ré- » sultat que les trois précédentes, quand un » capitaine de paroisse, frappé de je ne sais quelle » terreur subite, quitte son rang et prend la fuite ; » ses paysans le suivent, la frayeur gagne, et le » reste de l'armée imite ce funeste exemple.

» Cependant les officiers rétablirent promptement l'ordre ; mais il fut impossible de rame- » ner les paysans au combat. Quelques tirailleurs » vendéens qui s'étaient portés sur les flancs de » l'ennemi, faisaient encore feu sur lui, lorsque » les habitants du Marais arrivant enfin, com- » mencèrent leur attaque en tête de la colonne. » Le général en chef qui était sur la ligne de ba- » taille, et qui la parcourait, élevait son chapeau » sur la pointe de son sabre, s'efforçant de rap- » peler les Vendéens au combat. Il me rencontra » en cet instant, et me pria de courir à eux, et » de leur faire prendre une position. Nous étions » à cent pas de l'ennemi, qui, nous voyant l'un et » l'autre à cheval, faisait pleuvoir les balles sur » nous. Moins frappé du danger auquel j'étais » exposé que celui du général en chef, je le con- » jurai, au nom de l'amitié et de la Vendée, de se » retirer et de me suivre. « Allez, mon cher gé- » néral, me répondit-il, allez, et je vous suis ». » Je le quittai, hélas ! pour ne plus le revoir... » Avant de s'éloigner de ce champ de bataille, » voulant s'assurer de la position de l'ennemi et

» de la contenance qu'il allait faire devant les » Maraîchins qui venaient de l'attaquer, il » s'avança et se plaça sur un talus si près des » Bonapartistes, que ceux-ci le reconnurent aus- » sitôt. Le lieutenant Lupin, qui commandait les » gendarmes de Paris, dirigea leur feu unique- » ment sur lui. Un instant après, il reçut le coup » mortel.

» Ainsi périt, en combattant pour son Roi, » l'ami, le père des Vendéens, le plus vertueux, le plus brave, et le moins ambitieux des hommes !

« Cependant MM. Fortin et Bouteau, qui, » après avoir mis les munitions à l'abri, s'étaient » portés sur l'ennemi avec quelques Maraîchins, » avaient recommencé l'attaque, et la poussaient » très vigoureusement. En vain, le général Es- » tève prit-il deux fois des positions avantageu- » ses ; deux fois chassé de ses retranchements, » 150 Maraîchins le poursuivirent l'épée dans les » reins jusqu'à Saint-Hilaire-de-Rié et ne lui » donnèrent pas le temps d'emmener avec lui » deux charrettes chargées d'effets débarqués » qu'on n'avait pu conduire dans le Marais. L'en- » nemi eut 480 hommes tant tués que blessés ; 40 » de ces derniers restèrent sur le champ de » bataille. De notre côté, nous n'eûmes que 9 » hommes tués, parmi lesquels était l'infortuné » marquis de La Rochejaquelein. M. Auguste, » son frère, fut blessé légèrement au jarret par » une balle qui tua son cheval sous lui. M. de La » Fenetre, de Poitiers, eut la cuisse traversée » d'une balle. Les blessés de l'un et de l'autre

» parti furent conduits au Perrier par les ordres » de M. Griffon, qui leur prodigua les soins les » plus généreux ; à défaut de chirurgien, il les » pansa lui-même. Tous ces malheureux l'appe- » laient leur ami, leur père, en arrosant ses » mains des larmes de la reconnaissance. Les » paysans, empressés autour de ces infortunés, » secondèrent de tous leurs moyens le zèle de M. » Griffon. »

Le lendemain du combat, les amis de M. de La Rochejaquelein se mirent à sa recherche et grâce à l'indication d'un paysan, retrouvèrent son cadavre qui avait déjà été enterré; ils le firent exhumer à la hâte et le déposèrent provisoirement dans le cimetière du Perrier, au pied de la Croix. Toute la division du Marais commandée par Robert des Chateigners était sous les armes et lui rendit les honneurs militaires. Quelques mois après, le 8 février 1816, le corps était de nouveau exhumé et transporté en grande pompe à travers toute la Vendée militaire, à Saint-Aubin-de-Bouligné (Deux-Sèvres), paroisse des La Rochejaquelein où il trouvait enfin le 13 février suivant sa sépulture définitive.

Le monument actuel fut inauguré solennellement en 1822 ou 1823, par M. l'abbé Affre, vicaire général de Luçon, depuis archevêque de Paris et tué dans les journées de juin 1848, dans les circonstances qui sont dans toutes les mémoires.

Dans son voyage en Vendée, en 1828, la duchesse de Berry vint visiter les Mathes et l'inscription d'une des cloches de l'Eglise de Saint-Jean-de-Mont rappelle encore cette visite.

La poésie populaire a tenu à consacrer le souvenir de l'évènement que nous venons de raconter et lui a consacré une chanson en patois que nous croyons inédite :

Hé ! Hé !
A la batt'rie dau Mattes
Guai ! Guai !
Ous qu'on s'a fusillai (*ter*)

Hé ! Hé !
Tchai lai gars dau Boucage
Guai ! Guai !
Qu'ant douné l' prémé fé.

Hé ! Hé !
Tot lai maraîchinages
Guai ! Guai !
Sont les drais arrivais.

Hé ! Hé !
Avec leurs grand's perches
Guai ! Guai !
Les avant pregallai

Hé ! Hé !
Rendus au pont de l'arche
Guai ! Guai !
L'étiant quem'enrageai

Hé ! Hé !
Rendus à Croix-de-Vie
Guai ! Guai !
Le veliant tot mangeai

Hé ! Hé !
Le quemandant dau diable
Guai ! Guai !
Montit dans le cliochai

Hé ! Hé !
Tchai in ! ball'maraichine
Guai ! Guai !
Qui l'a vrai bai tuai (1)

Hé ! Hé !
Dic'et la Sainte-Vierge
Guai ! Guai !
Vous nous pardounerez

Hé ! Hé !
Y ferons péinitance
Guai ! Guai !
De tot tchiou temps passai (2)

Les Mathes sont du reste un lieu qui paraissait prédestiné au combat. En 1622, lorsque Louis XIII est venu, comme on l'a vu plus haut, chasser Soubise et ses troupes réfugiées dans l'île de Rié, l'action a commencé au pont des Mathes.

---

(1) Il y a là une confusion avec ce qui s'était passé à Saint-Gilles quelques jours auparavant.

(2) Cette chanson est attribuée à un paysan nommé Columeau, de son nom de guerre, et qui habitait, dans ce qu'on appelle la Rive, de Soullans.

IV. — NOTRE-DAME-DE-RIÉ

A) En chemin de fer, trajet en 15 minutes.

SAINT-HILAIRE-DE-RIÉ. *(V. les routes précédentes).*

NOTRE-DAME-DE-RIÉ, commune de 697 hab. La station se trouve tout près de la localité. Le bourg de Notre-Dame-de-Rié (1) construit à l'extrémité du dernier des trois promontoirs sablonneux que projetait dans diverses directions l'ancienne île de Rié. Il n'était séparé de ce qui était autrefois le continent que par une étroite dépression où passent deux cours d'eau. L'un est l'ancienne communication du Marais avec la rivière la *Vie;* ce cours d'eau fut jadis un bras de mer, et aujourd'hui encore la marée y remonte, mais sa raison d'être est de recueillir les eaux pluviales venant du Marais, pour les verser dans la *Vie* et

---

(1) C'est ainsi que ce nom de cette commune est orthographié au cartulaire de Rié, aussi bien qu'en celui de Bois-Grolland. La forme RIEZ paraît avoir été introduite, sans motif, par Cassini, sur sa carte, et copiée ensuite par l'administration aussi bien que par la carte de l'Etat-Major.

RIÉ, est appelée dans les chartes : Ries, Rue, Riacum, Riedum, Riedia, Insula, Racina ; la première origine de ce nom paraît être le mot celte RUE (rouge), probablement parce que les eaux du Ligneron et de la Vie qui coulent autour de Rié, ont une teinte rouge au moment des grandes pluies à cause des parcelles de terre argileuse qu'elles contiennent.

de là dans la mer. L'autre lit, parallèle au premier, a été disposé de mains d'hommes pour apporter à la même rivière les eaux du *Ligneron*, qui selon toute vraisemblance, se rendaient autrefois à la mer par les *étiers* ou canaux salés dont le Marais était sillonné, et se jetait dans la mer près *La Barre-de-Mont*, ainsi que l'attestent nos plus anciennes cartes datant du XVIe siècle.

Mais, depuis que les canaux se sont comblés par les progrès de l'alluvion, ou que quelques-uns d'entre eux seulement ont été conservés ou rétablis pour l'écoulement des eaux pluviales ou le service des salines, pour remédier au ravage que faisaient les eaux du *Ligneron* en se répandant sur le Marais, où on a construit la *digue de Rié*, qui forme un barrage de 2,000 mètres entre le coteau de *Soullandeau*, un peu en avant et au sud de *Soullans* (1) et le bourg de Rié, de manière à détourner le *Ligneron* dans la *Vie*, en ne laissant à son inondation qu'une étendue limitée en avant de la digue, et connue sous le nom de *Marais-des-Rouches*. Le bourg de Notre-Dame-de-Rié qui n'a commencé à être appelé ainsi que postérieurement au XIe siècle, possédait autrefois un château fortifié qui défendait l'entrée de l'île sur ce point très rapproché du continent.

Ce château est aujourd'hui rasé; on n'en connaît la situation, l'étendue et l'importance qu'aux fossés profonds qui existent encore. Devant son

---

(1) SOUILLEN LAND, en celte (la terre mouillée, le marais).

NOTRE-DAME-DE-RIÉ

L'Eglise et le Bourg

emplacement, on voit une construction carrée, nommée le Parquet, où se rendit la justice seigneuriale. Elle a été réparée il y a un certain nombre d'années et est affectée à la mairie et à l'école communale. Notre-Dame-de-Rié possède une jolie église dans le style romain, reconstruite il y a quelques années. (1)

Histoire. — L'origine de Rié est extrêmement ancienne, les historiens croient qu'il existait là à une époque très reculée un port important, auquel on accédait par un long estuaire, formé par les eaux de la *Vie* et celle de l'Océan. Peu à peu les alluvions se formèrent, les terres s'élevèrent refoulant de plus en plus les eaux de la mer, et le port de Rié perdit son ancienne importance pour être remplacé, mais dans une faible mesure par celui de Saint-Gilles.

Dès le onzième siècle on trouve des seigneurs de Rié, qui portaient en même temps le titre de seigneurs d'Apremont, Poiroux, Aizenay et Mauzé. La dernière héritière de cette maison dite d'Apremont, *Jeanne*, fille de *Gallois d'Apremont* porta au XIVe siècle ses différentes seigneuries en mariage à *Savary de Vivonne*, seigneur des Essarts, de Thors et d'Esnandes, qui après avoir fait les guerres de Gascogne sous le connétable de Clisson en 1383, accompagna le comte de Nevers dans la

(1) Demander à voir à la Cure un magnifique ostensoir Renaissance, orné d'émaux précieux, qui passe pour avoir été offert à l'église de Rié, par Louis XIII, à l'occasion de sa victoire sur les Protestants.

guerre de Hongrie, et y périt à la bataille de Nicopolis, en 1396.

Jeanne d'Apremont, devenue veuve, se remaria à Jean Harpedenne, seigneur de Montendre, beau-frère d'Olivier de Clisson. Elle avait eu de son premier mariage deux enfants, Renaud et Isabelle. Le premier, quoique marié mourut sans enfants, et laissa tous ses biens à Isabelle qui se trouva être une très riche héritière, étant dame de Rié, Poiroux, Les Essarts, Thors, Esnandes, La Châtaigneraie, Aizenay, etc. Elle épousa Charles de Châtillon de Blois, dit de Bretagne, comte de Penthièvre et d'Avaugour, troisième fils de Jean de Bretagne, comte de Penthièvre et de Marguerite de Clisson, fille du connétable, et petit-fils de Charles de Blois, duc de Bretagne tué à la bataille d'Auray.

Charles de Châtillon et Isabelle de Yvonne laissèrent une fille unique, Nicole de Bretagne, comtesse de Penthièvre et d'Avaugour, dame de Rié, etc., qui épousa en 1437, Jean de Brosse, fils de Jean de Brosse, maréchal de France, et lui porta avec tous ses biens, le titre et les armes de Penthièvre, et tous les droits y afférant. Mais les terres et seigneuries de Penthièvre étaient en état de confiscation par décret du duc de Bretagne, François II. Jean de Brosse II se trouvait dans une situation très gênée, et la terre de Rié fut saisie sur lui par ses créanciers et adjugée par arrêt du Parlement de Paris au sieur de Raye et à Marguerite Dubois, sa femme. Le retrait lignager fut réclamé par François, bâtard de Bretagne, comte d'Avaugourd et de Gaëllo, fils du duc François II et d'Antoinette de Maignelais, et qui avait épousé Madeleine de Brosse ; mais la transaction fut empêchée par René de Brosse, frère de Madeleine, qui la réclama pour lui même, et l'accomplit, le 19 février 1501, moyennant remboursement de mille écus d'or et les loyaux coûts de l'adjudication.

Ce René de Brosse avait épousé Jeanne de Comines, fille du célèbre confident et historien de Louis XI, seigneur d'Argenton et de Talmont. De ce mariage naquirent deux enfants : Jean et Charlotte.

Jean, pour obtenir la remise des biens de Penthièvre, toujours confisqués, épousa Anne de Pisseleu, maîtresse de François Ier. Les terres lui furent rendues et le comté d'Etampes y fut ajouté, en compensation des fiefs qui avaient été distraits. Il mourut sans enfants et la terre de Rié revint aux héritiers de sa sœur, Charlotte de Brosse, qui avait épousé François II de Luxembourg, vicomte de Martigues. Cette maison de Luxembourg avait fourni cinq Empereurs à l'Allemagne, deux Rois à la Bohême, un Maréchal et un Connétable à la France. Sébastien de Luxembourg, l'héritier de Rié, de Penthièvre, etc., surnommé le chevalier Sans-Peur, se distingua dans toutes les guerres, sous les règnes de Henri II, François II, Charles IX, et mourut d'une blessure reçue au siège de Saint-Jean-d'Angély, le 19 novembre 1556. Il avait épousé Marie de Beaucaire, fille de Jean de Beaucaire, sénéchal de Poitou, qui lui survécut jusqu'en 1613, et fut ainsi, pendant plus d'un demi-siècle, la dame titulaire de Rié. Comme on l'a vu dans la notice historique sur Saint-Gilles ce fut elle qui fit reconstruire les quais de Saint-Gilles et qui bâtit l'Eglise de Croix-de-Vie. Marie de Beaucaire avait eu de son mariage avec Sébastien de Luxembourg, deux filles : Jeanne, morte en bas-âge au château des Essarts, et Marie, qui resta seule héritière des immenses domaines de Luxembourg et de Penthièvre. Marie de Luxembourg fut, par les soins de Henri III et de la Reine Louise, mariée au frère de celle-ci, Philippe-Emmanuel de Lorraine, duc de Mercœur.

Celui-ci qui avait reçu de son beau-frère en 1578, le gouvernement de Bretagne, songea à profiter des Guerres de Religion pour ressusciter à son profit l'indépendance du duché de Bretagne et s'emparer de cette couronne, mais ses projets furent déjoués par l'énergie et l'habileté d'Henri IV.

Comme gage de la transaction intervenue en 1598 entre celui-ci et le duc de Mercœur, César, alors âgé de 4 ans, fils d'Henri IV et de Gabrielle d'Estrée, fut fiancé avec Françoise de Lorraine, fille unique de Mercœur et de Marie de Luxembourg, et alors âgée de 6 ans. Le mariage eut lieu en 1609, Marie de Luxembourg, duchesse de Mercœur mourut en 1623, elle était donc encore titulaire de la seigneurie de Rié lorsque Louis XIII entreprit contre Soubise retranché avec son armée dans l'île de Rié la campagne que nous avons racontée dans la notice sur Saint-Gilles. César, devenu duc de Vendôme, et qui devait être seigneur de Rié, l'année suivante, avait accompagné son frère naturel et commandait une partie des troupes.

Comme on l'a vu, Louis XIII fit attaquer le bourg de Rié, occupé par les Protestants, le 16 avril 1622, dîna et se reposa dans une grange à peu de distance de ce bourg, puis après trois attaques infructueuses, abandonna cette position pour aller passer à Orouet, le bras de mer séparant alors l'île de Mont de l'île de Rié, et tomber de là sur les Protestants surpris et démoralisés par l'abandon qu'avait fait d'eux leur chef Soubise.

César de Vendôme devint du chef de sa femme Françoise de Lorraine, baron de Rié, à la mort de Marie de Luxembourg en 1623, il posséda ce titre, ajouta à celui de grand-maître, chef et surintendant de la Navigation et du Commerce de France, c'est-à-dire amiral, pendant quarante-deux ans, jusqu'à sa mort arrivée en 1665. Sa femme mourut en 1669, âgée de 77 ans. C'est à cette date que la seigneurie de Rié se sépara des titulaires de Penthièvre, après leur avoir appartenu pendant deux siècles et demi.

César de Vendôme et Françoise de Lorraine avaient eu trois enfants : 1° Louis, qui fut duc de Vendôme, de Mercœur et de Penthièvre ; 2° François de Vendôme, duc de Beaufort, amiral, tué au siège de Candie, sans laisser de postérité, et 3° Elizabeth de Vendôme, mariée le 9 juillet 1643, à Charles-Amédée de Savoie, duc de Nemours, auquel elle survécut douze ans pour mourir en 1664, avant son père et sa mère. Elle laissa deux filles : Marie-Jeanne-Baptiste de Savoie, née le 11 avril 1644, et Marie-Elizabeth, qui épousa successivement deux rois de Portugal.

Marie-Jeanne-Baptiste de Savoie hérita directement de ses grands parents, et reçut dans sa part, les baronnies de Rié et des Essarts. Elle épousa son parent, Charles-Emmanuel, duc de Savoie, roi de Chypre, en 1665, et devint veuve dix ans plus tard. Dans ses actes, elle s'intitule Madame Royale Marie-Jeanne-Baptiste de Savoie, duchesse de Savoie, princesse de Piémont, reine de Chypre, baronne de Rié, etc.

Elle était arrière-petite fille d'Henri IV et de Gabrielle d'Estrée, par César de Vendôme, son grand-père, et Elisabeth de Vendôme, duchesse de Nemours, sa mère, et bisaïeule de Louis XV par Victor-Amédée-François ; son fils duc de Savoie, marié en 1684 à Anne d'Orléans, duquel mariage naquit Marie-Adélaïde de Savoie, mariée en 1697 à Louis de France, duc de Bourgogne, qui furent le père et la mère de Louis XV.

Madame Royale était très belle et d'une conduite fort légère. Pendant qu'elle était duchesse régente de Savoie, en attendant la majorité de son fils Victor-Amédée, elle avait, comme dans le temps Catherine de Médicis, rassemblé autour d'elle un escadron de filles d'honneur, choisies dans les premières familles du pays. « Cette prin-
» cesse, qui était d'un goût délicat, dit un auteur

» italien (1) et qui aimait la galanterie, n'admet-
» tait pour filles et pour dames d'honneur que
» celles qui surpassaient toutes les autres en
» beauté. Ainsi le souverain et les jeunes sei-
» gneurs de sa suite pouvaient passer de belle en
» belle, et renouveler toujours leurs plaisirs par
» la variété de ces charmants objets, sans s'en
» dégoûter jamais. »

Marie-Jeanne Baptiste de Savoie resta titulaire de Rié depuis 1665 jusqu'en 1715, c'est-à-dire pendant cinquante ans ; mais, au moment où son arrière petit-fils montait sur le trône, elle vendait la baronnie de Rié à Jérôme Phélippeaux, comte de Pontchartrain, marquis de Chef-Boutonne, comte de Palluau, baron de Bouin, Conseiller d'Etat, et à dame Hélène-Rosalie de l'Aubespine de Verderonne, son épouse, pour la somme de 48,000 livres. C'était la première fois que la seigneurie de Rié, dans tout le cours de son histoire, était vendue définitivement. Marie-Jeanne-Baptiste de Savoie mourut en 1724, âgée de 80 ans.

Le comte de Pontchartrain rendit hommage, pour sa terre de Rié, à la seigneurie de Talmont, le 14 août 1715. Son fils et héritier, Paul-Jérôme Phélippeaux, rendit aveu pour la même terre au seigneur de Talmont, le 9 avril 1748.

La seigneurie de Rié changea encore deux fois de mains avant la Révolution. En 1770, on la

(1) Lamberti. — Histoire de l'Abdication de Victor-Amédée II.

trouve en la possession de M. Sylvestre-François du Chaffaud. Celui-ci la vendit en 1775, à René-Elizabeth de Martel, seigneur du Pé, qui mourut à Nantes en 1785, âgé de 32 ans, laissant une jeune veuve, Thérèse Montaudouin de la Rabatelière, qui a honoré sa longue existence et sa grande fortune, en réparant autour d'elle les malheurs de la Révolution. « C'est ainsi, dit M. » Ch. de Sourdeval, auquel nous avons emprunté » les éléments de cette notice, que la seigneurie » de Rié s'est éteinte dans la vertu. »

Dès 1029, il existait à Rié, une Eglise sous le vocable de Saint-Hilaire et qui fut donnée par Geoffroy II de Thouars à l'abbaye de Saint-Cyprien, de Poitiers. Au XIIe siècle, il existait encore dans l'île de Rié, un prieuré de Saint-Ambroise qui dépendait de l'abbaye de Saint-Michel-en-l'Herm.

Il se trouvait dans l'ancienne île de Rié un certain nombre de fiefs qui rendaient hommage au seigneur de cette île. Ces fiefs étaient : *Saulnay, la Martinière, la Rousselotière, la Mazure, le Chêne, la Pège, les Mathes, Trévesca, la Baritaudière, Beaulieu, Beauregard, la Tissonnière, l'Asson, la Bardonnerie, les Jonchères, les Plantes, le Marchais, le Doyenné, les Noues* et *le Ligence*. Toutes ces *maisons* ou *hôtels nobles*, sont aujourd'hui réduits à l'état de simples métairies, et nul de nos jours ne pourrait se douter que quelques-uns ont été habités par des personnages illustres de notre Histoire.

Les principaux dont les noms des propriétaires

se retrouvent à la mairie de Saint-Hilaire-de-Rié, sont :

Saulnay, qui fut possédé de 1463 à 1640 par les Mauclerc, de la Muzenchère, et à partir de cette date par les de Tinguy, de Nesmy, par suite du mariage de l'un d'eux avec une Mauclerc.

La Martinière ou hôtel noble d'Aubigné, où on trouve en 1472, un Jean Marchand, sieur du Poupin ; en 1516, Jean Robert, écuyer ; en 1546, Jean Robert, écuyer, sieur de Lézardière ; en 1556, Robert Couthuis ; en 1564, Claude Robert ; en 1601, Pierre Robert, chevalier, seigneur de Lézardière ; en 1602, André Robert, seigneur de Lézardière ; en 1700, Charles Cavolleau ; enfin, en 1766, Charles-François de La Rochefoucauld, seigneur de Beaulieu.

Beaulieu (hôtel noble) qui appartenait en 1690 à René-Claude de La Rochefoucauld ; en 1711, à René Claude, fils du précédent, marié à sa cousine Françoise de La Rochefoucauld du Breuil ; en 1758, à Jacques de La Rochefoucauld, chevalier ; en 1766, à Charles-François de La Rochefoucauld, écuyer, et en 1789, à Charles-François de La Rochefoucauld, ex-abbé de Prully qui arrenta Beaulieu.

Beauregard (hôtel noble) qui appartenait en 1670, à René de La Rochefoucauld, du Fenouiller ; en 1695, à Pierre de La Rochefoucauld, chevalier de Beauregard ; en 1699, à René de La Rochefoucauld, écuyer, marié à Anne Thomasset ; en 1712, à Jacques Mourain, sieur de Beauregard ; en 1780, à Gabriel-Benjamin Savary ; et en 1783, à Louis Mourain, contrôleur des île et baronnie de Rié.

La Noue ou *Les Noues* (maison noble) appartenait en 1620, à Claude, fils d'Odet de la Noue, petit-fils du célèbre Bras de Fer, et qui avait épousé Magdeleine de Saint-Georges-Vérat. Fidèle aux exemples que lui avait légués ses pères, il se distingua par son zèle pour la foi protestante, et se trouvait en 1623, parmi les défenseurs de la Rochelle. Il fut depossédé de ce fief après l'expédition de Soubise dans l'île de Rié.

B) Par route. Les personnes qui préfèrent la voiture ou le vélocipède pour l'excursion de Notre-Dame-de-Rié, prennent la route de Saint-Hilaire et celle du Perrier (V. aux Excursions précédentes).

Arrivés au Pont-de-l'Arche (1500 mètres environ de Saint-Hilaire) elles abandonnent la route du Perrier, elles prennent leur droite et arrivent (à 4 kilomètres de là) à *Notre-Dame-de-Rié*. Si elles ne veulent pas revenir par le même chemin, après avoir passé Le Ligneron elles continuent jusqu'à Villeneuve (3 kilomètres de Notre-Dame) où elles trouvent la route de Challans aux Sables, au lieu de continuer tout droit ce qui les mènerait à *Commequiers (V. l'Excursion suivante)* elles tournent à droite et à 2 kilomètres de là, traversent la *Vie* au *Pas-aux-Petons* (ancien port à péage construit vers 1840) ainsi nommé parce qu'avant l'établissement du pont, on passait la rivière à gué (1). Pendant les guerres de Vendée, le *Pas-aux-Petons* était considéré comme un point stratégique important et la garnison de Saint-Gilles y avait un poste avancé qui fut attaqué plusieurs fois par les Royalistes et même enlevé dans une des attaques, mais le combat le plus important eut lieu le 11 avril 1793, entre l'armée de Boulard venant des Sables et marchant sur Challans et les Vendéens qui défendaient le passage de la rivière. Ces derniers furent repoussés et un de leur chef Rorthais fut tué. (2)

Arrivé sur la hauteur de l'autre côté de la rivière, au village des *Vallées*, la route de Challans aux Sables, croise celle de Saint-Maixent-sur-Vie à Saint-Gilles, on prend cette dernière, c'est-à-dire qu'on tourne encore à droite.

A 3 kilomètres, Le *Fenouiller*, commune de 871 habitants, ancienne seigneurie ayant appartenu à une branche des La Rochefoucauld, qui prenaient le titre de La Rochefoucauld du Fenouiller et auparavant, vers la fin du XVIe siècle à un sire Jean de La Touche, qui était en même temps seigneur de l'Audardière, dans la commune de Coëx.

---

(1) C'est par erreur et sans aucune raison que les cartes et documents administratifs orthographient PAS-OPTONS. C'est peut-être le résultat d'une tradition conservée dans le pays et qui voudrait que Louis XIII dans son expédition contre Soubise, sollicité de choisir un gué, aurait dit : « Optons pour ce pas », mais cette tradition est absolument contraire à la vérité historique, attendu que jamais Louis XIII n'a traversé la Vie à cet endroit.

(2) V. plus haut notice sur Saint-Gilles.

Eglise assez ancienne mais n'offrant rien de bien remarquable qu'une terrasse ombragée de très beaux ormeaux qu'on dit descendant de ceux plantés par ordre de Sully en commémoration de l'Edit de Nantes.

Entre Le Fenouiller et Saint-Gilles se trouvent, à droite de la route, et sur le bord de la Vie, les très anciens villages du *Plessis*, de *Bromangui* (gué des romains) et de *La Bodelinière* (*V. à la fin du Volume l'Excursion à La Bodelinière*).

A 4 kilomètres 1/2, Saint-Gilles.

V. — COMMEQUIERS

LE CHATEAU, LE DOLMEN DE PIERRES-FOLLES.

LE MENHIR DE LA PALISSONNIÈRE

A) Par le chemin de fer. Trajet en 45 minutes.

SAINT-HILAIRE-DE-RIÉ. (*V. Excursions précédentes*).

NOTRE-DAME-DE-RIÉ. (*V. Excursions précédentes*).

COMMEQUIERS, commune de 1.861 hab., qui est appelée dans les vieilles chartres *Quemequiers*, *Quid mihi quæris*, *Kimicheris*, *Quemiqueris*, *Quemiquers*, ce qui semble indiquer que les anciens habitants avaient l'habitude de faire répéter les questions qui leur étaient posées, soit qu'ils ne les comprissent pas, soit qu'ils feignissent de ne pas les comprendre, paraît avoir été anciennement un lieu assez considérable. Sa position en face de l'île de Rié qui était alors entourée de l'Océan et possédait un grand port, en faisait un point militaire important.

On y rencontre des monuments mégalithiques *(V. plus loin)* et à côté des ruines de l'ancien Château on remarque des mouvements de terre tellement considérables qu'ils semblent remonter non seulement jusqu'aux Romains, mais encore aux populations qui les avaient précédés dans la domination du pays.

Pendant tout le Moyen-Age, Commequiers formait avec Challans une seule baronnie, ayant haute, moyenne et basse justice. Cette juridiction s'étendait sur les paroisses de Commequiers, Soullans, Saint-Christophe-du-Ligneron, Saint-Paul, Maché, Les Habites, Le Perrier, qui en relevaient en tout ou en partie, directement ou par appel. Les châtellenies qui dépendaient de la baronnie de Commequiers étaient celles du Perrier, La Mothe-Fouquerand, Soullandeau, La Morinière, la Verrie, le Verger et Avau qui, particularité curieuse, avait le droit d'imposer l'étalon de ses mesures à toute la paroisse et même au Château dont elle relevait.

La baronnie de Commequiers paraît antérieure à l'an 1000. Vers 1100, elle appartenait aux seigneurs de la Garnache, des mains desquels elle tomba dans celles des seigneurs de Montaigu, puis dans la maison de Belleville. Au commencement du XIVe siècle, nous la voyons possédée par Joscelin, seigneur de la Forêt-sur-Sèvre et par son fils Guyon. De 1398 à 1430, probablement par suite de mariage, les deux terres ont pour propriétaires les Jousseaume, desquels la baronnie de Commequiers passe aux Beaumont, dont l'héritière les apporte dans la très illustre famille des du Bellay. Vendue en 1627, par Martin du Bellay à Philippe de la Trémoille, marquis de Royan et comte d'Olonne, notre baronnie est portée par sa petite-fille, Marie-Anne, dans la maison de Montmorency-Luxembourg. Le dernier des membres de cette maison qui porte le titre de seigneur de Commequiers est Charles-Sigismond, duc de Châtillon et de Bouteville, lieutenant général des armées du Roi et gouverneur de la province du Maine. Sous Louis XV, la baronnie de Commequiers fut vendue à une famille Leroux, de Nantes. Cette famille s'éteignit avec M. Charles Leroux de Commequiers, décédé en 1864.

Le bourg de Commequiers fut pillé et brûlé par les Huguenots en 1568. Le 15 avril 1622, après avoir passé en revue une partie de l'armée royale dans les landes des Habittes, Louis XIII traversa les chaussées de Commequiers pour aller attaquer les Protestants retranchés à Rié.

De nombreux habitants de Commequiers périrent pendant les guerres de la Vendée. Ce fut un nommé Troussicot, forgeron dans cette commune qui fut requis de forger le fer de la guillotine, destinée à opérer aux Sables et il en fut la première victime. Le curé de Commequiers, au moment de la Révolution était Alexis Duval, qui fit serment à la Constitution du Clergé et acheta du district de Challans, la propriété de Bois-Viaud, appartenant à l'Eglise. Après le Concordat, il rétracta son serment et devint curé de Saint-Michel-en-l'Herm et de Lichères, près de Saintes.

Le 3 juillet 1821, la duchesse de Berry revenant de visiter le monument de La Rochejaquelein aux Mathes, passa à Commequiers et fut complimentée par M. Thomas, curé de Commequiers, depuis 1801, sous un arc de triomphe dressé à l'entrée du bourg. Elle était à cheval, avec une selle dite à l'anglaise.

C'est à Commequiers que furent réunis pendant la guerre de 1870-1871 les Gardes nationaux mobilisés, dits *vieux gars*, des cantons de Challans et de Saint-Gilles.

Il existait jadis à Commequiers une Eglise fort ancienne qui a fait place à l'Eglise actuelle.

Un prieuré de Bénédictins dont la fondation semble remonter au moins au XIIe siècle y a subsisté jusqu'à la Révolution. La maison qu'il occupait existe encore à gauche de l'Eglise et porte toujours le nom de Prieuré. C'est là que logea le 6 mai 1305, Bertrand de Got, le futur pape Clément V. Ce prieuré dépendait de l'abbaye de Marmoutiers. Au XIIIe siècle, il avait relevé directement du Roi. Il existait encore en Commequiers, une chapelle de saint Nicolas; au Château, une chapelle de saint Michel ; à la Morinière (1), une chapelle de sainte Anne ; au Bois-Viaud, une chapelle de saint Jean-de-l'Habitte et

(1) La Morinière est ce petit manoir à deux poivrières qu'on peut apercevoir à gauche du chemin de fer en arrivant à Commequiers. Pendant la Réforme,

enfin le prieuré avait à l'Eglise paroissiale une chapelle dédiée à saint Benoist. En 1533, lorsque Pierre Marchand, archidiacre et doyen du chapitre de Luçon, visita la paroisse de Commequiers, il y trouva 13 prêtres.

Le territoire de Commequiers possède une grande étendue de vignes produisant un vin blanc renommé dans tout le pays, elles sont malheureusement menacées par le phylloxéra. Il renferme également un bassin calcaire d'une superficie d'une demi-lieue carrée environ, s'étendant entre la *Vie* et le bourg, de l'est à l'ouest entre le village des *Chaûlières* (nom caractéristique) et celui de *Villeneuve* sur la grande route des Sables à Beauvoir. Les matières calcaires qui remplissent ce bassin ont été évidemment déposées par la mer à une époque très reculée. On y trouve des quantités de coquillages, dont les espèces n'existent plus maintenant sur la côte. Le calcaire du bassin de Commequiers est exploité par un four à chaux qu'on peut voir à gauche de la route qui conduit de la gare au bourg. Les couches de pierres calcaires sont peu épaisses, mais au-dessous on trouve de la terre blanche, légèrement rougie par l'oxyde de fer, et qui, sèche, devient un peu grasse. Cette terre a beaucoup de rapport avec de la marne, et constituerait si elle était exploitée, un excellent amendement pour les terres un peu fortes et humides du Bocage.

---

il y eut là un temple seigneurial qui subsista le dernier du pays.

Au centre de ce bassin, près du village de la *Brigassière,* on avait découvert au siècle dernier un gisement de lignite qu'on prit pour du charbon de terre. Après avoir fait quelques puits, les chercheurs, reconnaissant leur erreur, abandonnèrent les travaux. Selon toutes probabilités, ce gisement est assez considérable.

LE CHATEAU

Pour se rendre au Château, on traverse le bourg dans toute sa longueur en allant toujours droit devant soi. Arrivé à environ 500 mètres du bourg, on aperçoit sur la droite de la route une ferme (1) devant laquelle passe un chemin d'exploitation conduisant aux ruines du Château. (Demander à la ferme l'autorisation de visiter).

Comme nous l'avons dit plus haut, en approchant du Château on est frappé des mouvements de terre qui ont été faits là et qui sont tellement considérables qu'il est difficile de ne pas y faire intervenir les peuples qui ont précédé les Romains. Une enceinte d'environ 2 hectares a été bouleversée de fond en comble. On reconnait des tranchées profondes qui ont entouré l'enceinte, et qui ont pu être remplies d'eau par une fontaine voisine. D'autres tranchées traversent l'enceinte. Dans tout cela on reconnaît facilement les vestiges d'un camp romain, car souvent chez les Romains un camp était séparé en deux.

---

(1) Qui s'appelle la ferme d'Avau.

Il y avait l'enceinte générale, *castrum*, et l'enceinte particulière, *castellum*, renfermée dans l'autre. Le Prêteur ou le Consul s'y tenait, avec le trésor, les archives de l'armée et y rendait la justice. L'hypothèse de cette enceinte particulière est la seule qui puisse expliquer d'une manière plausible ces tranchées qui traversent l'enceinte générale. En dehors du massif bouleversé et séparé de lui par un fossé large et profond, s'élève le Château de forme octogone, à huit tours et huit courtines. Des brèches faites avec une certaine régularité, au milieu de chaque courtine, et à chaque tour, semblent indiquer un système arrêté de démolition ou de mise hors défense. Il est très vraisemblable que cette opération eut lieu sous le règne de Louis XIII, lorsque Richelieu eut ordonné le démantellement de tous les châteaux du Bas-Poitou pouvant servir de lieu de défense aux Protestants. Ce Château, qui était dit-on bâti sur le modèle de la Bastille est entouré de larges fossés desséchés, d'environ 30 mètres de large, formant aujourd'hui une vraie prairie sur laquelle on cherche vainement l'accès primitif du Château ; cependant vers le midi on croit reconnaître l'existence d'un pont-levis. L'entrée actuelle, semble être le résultat d'une brèche. Une étroite et basse ouverture est au pied d'une tour, et devait plonger dans l'eau quand les fossés étaient pleins.

Ce Château n'a pas de rez-de-chaussée, soit que le sol primitif le comblât, avant d'être détaché du terre-plein, soit que la terre des fossés ait été

COMMEQUIERS

Ruines du Château

rejetée à l'intérieur, pour rendre toute la base compacte.

Le petit nombre de baies maçonnées qui restent, et quelques traces de constructions intérieures, aujourd'hui démolies, indiquent que le Château aurait été bâti au xve siècle, époque où la puissante famille du Bellay, possédait la terre de Commequiers. Mais peut-être existait-il bien auparavant et fut-il seulement restauré à cette époque. Cependant la construction dont nous venons de parler, porte seulement au cadastre le nom de *Tours*. Le nom de château était réservé à d'autres constructions dont on voit encore quelques pans de murs à quelques pas de là vers l'est, mais il ne reste aucune trace appréciable de fortifications, il est donc difficile de voir là l'emplacement du premier Château de Commequiers.

Ajoutons en terminant qu'aucune fouille n'a jamais été faite dans cet endroit, ce qui est profondément regrettable, car selon toutes vraisemblances, des fouilles bien conduites amèneraient des découvertes inportantes en médailles, objets militaires, armes, équipements, de ménage et de construction.

Les touristes qui viendront visiter ces ruines feront prudemment de se chausser solidement et même autant que possible de se guêtrer et de se munir de bâtons, car d'après les gens du pays, elles donnent asile à pas mal de vipères.

LES DOLMENS DES PIERRES-FOLLES

(Excursion très recommandée)

Pour se rendre aux *Pierres-Folles*, il faut, une fois sorti de la gare de Commequiers et rendu au passage à niveau qui se trouve à quelques mètres de là, tourner à droite et traverser le chemin de fer. On suit pendant environ 1 kilomètre, la route de Saint-Gilles, puis on prend un chemin d'exploitation qu'on voit sur sa gauche. Après avoir fait sur ce chemin environ 500 mètres, on arrive à un petit bois auprès duquel se trouve une maison d'habitation ; on descend à droite, vers une ferme qu'on aperçoit à 100 mètres environ : c'est la ferme de Pierre-Folle, c'est là qu'on doit s'adresser pour visiter les dolmens. S'il n'y a personne à la ferme, on n'a qu'à remonter en haut du champ et suivre la lisière du petit taillis qui le borde ; on ne tarde pas à arriver (sur sa gauche) à un chemin assez raide ouvert dans le taillis et donnant accès sur le coteau ; après avoir monté le chemin pendant quelques mètres, on aperçoit tout à coup les dolmens.

Ceux-ci sont composés de 12 pierres dont la majeure partie est posée de champ et servait à supporter des pièces de recouvrement ; de celles-ci, deux seulement sont encore dans leur position première ; la troisième, au milieu, s'est affaissée sur le sol, mais y garde encore sa place. Ce monument primitif, comme la plupart des dolmens connus, était probablement précédé du côté de l'orient d'un petit vestibule. Du reste, les pierres répandues sur ce point, l'indiquent ; mais leur désordre est tel, qu'il est impossible de reconnaître la position que chacune d'elle occupa. Les deux dolmens qui sont encore debout sont parallèles et orientés au nord-est. La table du premier a $5^{m}10$ de longueur sur une largeur de $2^{m}48$ et une épaisseur de $0^{m}95$. La table du second est longue de $3^{m}70$, large de $1^{m}75$ sur $0^{m}40$ d'épaisseur. Ces pierres ne sont pas de granit ainsi que certains auteurs l'ont prétendu ; elles sont, ainsi que tous les Menhirs et Dolmens du pays, de grès à gros grains, absolument identiques avec les rochers du bois de La Chaize à Noirmoutiers.

On s'est demandé si ces énormes blocs ont été transportés de Noirmoutiers ou s'ils ont été trouvés dans le pays. Nous inclinons à penser avec M. de Sourdeval qui a examiné la question, qu'ils ont été trouvés aux environs de Commequiers et que c'est précisément à cause de leur rareté qu'on les a rassemblés avec des efforts qui ont dû être inouïs pour en composer les dolmens que nous venons de décrire et qui constituent le plus important de tous les monuments de ce genre existant en Vendée.

La situation de ces dolmens au sommet de ce coteau, dans ce pays généralement plat, doit être également remarquée et il est plus que probable que le modeste taillis dans lequel ils se trouvent actuellement était jadis une majestueuse forêt.

Nous ne saurions en tous cas, trop recommander à nos lecteurs cette excursion qui les intéressera vivement et qui procurera à ceux d'entre eux qui sont doués de quelque peu d'imagination la sensation de vivre, il y a quelque chose comme 2,000 ans !

On trouve l'origine du nom *Pierres-Folles* dans l'habitude très ancienne du pays de donner le nom de *Follie,* à tous les lieux de rassemblement des anciennes populations celtiques. Naturellement l'imagination populaire ne pouvait manquer de se donner libre cours à propos de ces monuments dont l'origine a toujours dû paraître surnaturelle.

Ici ce n'est pas à saint Martin, comme à l'occasion de beaucoup de pierres du même genre que le Diable eut à faire ; c'est à la Vierge Marie en personne. D'après la légende, la sainte Vierge poursuivait Satan d'un vol rapide. En passant, elle appuya le pied sur la grande table : la pâte quartzeuse s'amollit et l'empreinte y resta gravée à 0 m 03 de profondeur, comme preuve de son passage. Cette empreinte qui se voit encore sur la pierre, se nomme le *Pas-de-la-Vierge ;* elle a la forme d'un pied de 0 m 19 de longueur.

B) Par la route. On prend la route de Saint-Gilles au Fenouiller, puis au Pas-aux-Petons (V. l'Excursion précédente) jusqu'à Villeneuve. Arrivé là, au lieu de tourner à gauche, ce qui mène à Notre-Dame-de-Rié, on prend à droite et au bout de 2 kilomètres on arrive à Commequiers.

LE MENHIR DE LA PALISSONNIÈRE

Si venant de Saint-Gilles, une fois arrivé à Villeneuve, au lieu de tourner à droite pour aller à Commequiers et à gauche pour aller à Rié, on continue tout droit dans la direction de Challans, on trouve à moins de 3 kilomètres de là, une nouvelle bifurcation, c'est le *Gué au Rou* (gué du Roi), ainsi nommé parce que c'est à cet endroit, que le 16 avril 1622, le roi Louis XIII venant de Challans, traversa le *Ligneron*, pour aller attaquer à Rié les Protestants de Soubise. Après avoir pris la route à droite, avoir traversé la voie ferrée et fait environ 500 mètres dans la direction de Commequiers, on aperçoit à sa droite, au milieu d'une vigne le menhir, appelé du nom d'une ferme qui se trouve dans les environs, *Menhir de la Palissonnière.* Ce menhir qui se trouve dans un lieu très solitaire et dont personne ne soupçonnait l'existence au milieu des landes, lorsque la route n° 22 est venue passer tout près, est haut de 2 m 30 au-dessus du sol, il est en grès à grains fins, analogue aux grès du *Pélavé* à Noirmoutiers. En continuant sur cette route on arrive à Commequiers qui se trouve à environ 5 kilomètres 500 de là.

LES HABITTES

Une fois à Commequiers on peut aller visiter l'ancienne commanderie des Habittes qui se trouve à 6 kilomètres. On prend la route qui mène aux Tours *(V. plus haut)*. On quitte cette route pour prendre la première qui se présente à droite (n° 121). A 6 kilomètres, ce chemin croise la route n° 5, de Challans aux Sa-bles, à droite et à gauche se trouve le village des Habittes, les ruines qu'on a devant soi, à droite, sont celles du *Grand-Logis*, on fera bien d'aller visiter à une centaine de mètres sur coté gauche et sur le bord de la route de Challans à droite, une vieille habitation ayant conservé encore un fort joli escalier tournant en pierres, du XIVe siè-cle. L'élégante tourelle qui contient cet escalier tombait en ruines et a été restaurée tant bien que mal ces dernières années, plutôt mal que bien. Il faudra demander à visiter la grande salle de cette maison, qui contient une cheminée du XIVe ou XVe siècle absolument remarquable. (1)

Aux Habittes, on doit également aller visiter la curieuse chapelle de la commanderie et l'an-cien cimetière. (Les Habittes ont été paroisse jusqu'à la Révolution et dépendent aujourd'hui de la commune et paroisse d'Apremont, plusieurs habitants du village se font encore enterrer dans le cimetière). Mais cette Chapelle se trouve au milieu des champs à 2 kilomètres et à environ 500 mètres de la route de Saint-Paul, à gauche. On fera prudemment de se faire indiquer le che-min par un habitant du village, car il est assez difficile à trouver pour quelqu'un qui ne connait pas bien les lieux.

(1) Cet hôtel est appelé dans les anciens actes hôtel de Noailles, c'était sans doute l'hôtel d'un che-valier appartenant à cette famille.

La commanderie des Habittes appartenait autrefois aux chevaliers de Saint-Jean de Jérusalem, depuis chevaliers de Rhodes et de Malte. Le premier en date des actes qu'on possède concernant cette commanderie est de 1230, mais elle existait bien auparavant. Cet ordre l'a possédée jusque vers le milieu du siècle dernier.

En avril 1622, la commanderie, la Chapelle et sans doute les autres habitations du voisinage avaient été pillées et dévastées par les Protestants et ne s'étaient jamais bien remises de leurs ruines. (1)

VI. — APREMONT

(EXCURSION TRÈS RECOMMANDÉE)

A) Par la route, 16 kilomètres.

De **SAINT-GILLES** aux **PAS-AUX-PETONS** *(V. l'Excursion précédente).*

Au village des Vallées, au lieu de tourner à gauche pour aller sur Commequiers on continue tout droit (chemin vicinal 107). A 10 kilomètres de Saint-Gilles, on trouve le petit bourg de *Saint-Maixent-sur-Vie* qui ne représente rien de remarquable qu'une châsse (moderne) renfermant des reliques de saint Nicostrate, dans

(1) Il existe aux archives de la Vienne, à Poitiers, un certain nombre de liasses de titres concernant cette commanderie. Nous les signalons à ceux de nos lecteurs qui pourraient habiter Poitiers, ils auraient là des recherches intéressantes à faire.

l'Eglise. A 2 kilomètres de là au village de Dolbeau, on laisse à gauche la station du chemin de fer qui porte le nom de Saint-Maixent-sur-Vie; puis on traverse la voie ferrée; laissant toujours à gauche, sur le bord de la *Vie*, l'importante minoterie de MM. Faucheux frères, on tourne à droite (chemin 82), on retraverse de nouveau la voie ferrée. Arrivé à environ 1 kilomètre de là, près d'une ferme appelée *Foulet* ou plus exactement *Follet*, point celtique, on tourne à gauche (pour reprendre le chemin 107).

On repasse cette fois sous la voie ferrée, à travers une fraîche vallée; on suivra du reste jusqu'à Apremont une route assez accidentée et présentant sur la gauche d'agréables aspects sur la vallée de la *Vie*. A 2 kilomètres environ de Foulet, sur la gauche, on laisse à environ 100 mètres de la route, les ruines du vieux manoir de la *Muzenchère*, ayant appartenu jadis à une branche de la famille de Mauclerc. Un Mauclerc de la Muzenchère fut évêque de Nantes, à la veille de la Révolution. A 2 kilomètres encore de la Muzenchère, on voit à sa droite sur le bord de la route une douve ombragée de grands arbres et un village. Ce sont les *Chataigniers*, où on reconnaît encore l'emplacement qu'occupait jadis le château-fort de ce nom, et qui appartint successivement et en se transmettant toujours par alliance à la famille des Chataigniers, aux Taillefer de Montausier, et aux Robert de Lézardière des Chataigniers, branche aînée de la célèbre famille de Lézardière. Et enfin à 1 kilomètre des Chataigniers et à 16 kilomètres de Saint-Gilles dans une délicieuse situation dans la vallée de la Vie, **APREMONT** et les tours de son Château campées sur l'*âpre rocher* qui lui a donné son nom.

Historique. — L'étymologie latine du nom d'Apremont (*Asper mons*), semble indiquer pour cette localité une origine gallo-romaine. Sa position exceptionnelle sur la rivière de Vie (*Via*) ; quelques puits funéraires gallo-romains découverts dans le quartier de la rive gauche, sur la hauteur où se trouvait le cimetière Saint-Samson; enfin la tradition constante du pays qui veut que cette hauteur dominant la rivière ait été occupée par un camp romain (*castrum*), tout concourt à fortifier cette hypothèse.

Apremont possédait autrefois deux Eglises : Saint-Père (évidemment Saint-Pierre) et Saint-Samson; l'une et l'autre avaient un cimetière séparé dont on connait l'emplacement. Saint-Père se trouvait sur une colline de la rive droite de la *Vie,* à gauche du Château, quand on regarde celui-ci en venant de Saint-Gilles, cette sorte de faubourg porte encore le nom de Saint-Père. Saint-Samson se trouvait, comme nous l'avons déjà dit, sur la rive gauche et sur la colline qui fait face au Château.

L'Eglise actuelle dans l'architecture de laquelle on reconnait plusieurs époques ne représente rien de remarquable qu'un assez beau vitrail du XVIe siècle. On étudie depuis quelques années un plan de reconstruction. Elle est dédiée à saint Martin, de Tours, ce qui doit être une erreur, car il est bien plus probable que c'est saint Martin, de Vertou, le grand apôtre de la contrée qui a dû évangéliser les habitants d'Apremont ; du reste, l'érection d'une Eglise à saint Pierre, le patron préféré de saint Martin semble le démontrer surabondamment, tandis que rien n'établit que saint Martin, de Tours soit jamais venu dans ce pays.

Le Château dont les tours subsistent encore avait été bâti sur l'emplacement d'un premier château-fort dont les dimensions étaient considérables, ainsi qu'on peut s'en assurer par les vestiges qui en demeurent et la position formidable sur une sorte de presqu'île qui n'était accessible que par le nord où on avait accumulé les fortifications. Ce Château existait déjà au XIe siècle, puisqu'à cette époque on trouve déjà des seigneurs d'Aspremont dans les chartes, mais il est plus que probable que les premières fortifications tout au moins remontent aux invasions des Normands et qu'on les aura établies dans cette situation privilégiée pour défendre contre eux le passage de la rivière.

Dès 1090, nous trouvons un Raoul et Aimeri d'Aspremont, ratifiant avec leur père Guillaume d'Aspremont, une donation faite aux moines de Bois-Grollaud. Ce Guillaume d'Aspremont avait pris part à la première Croisade et en était revenu sain et sauf en 1104. De cette époque jusqu'au XIVe siècle, nous trouvons mentionnés dans les actes de nombreux seigneurs prenant le titre d'Aspremont.

APREMONT

Le Château, l'Eglise et la vallée de la Vie

Isabelle de Parthenay, fille de Guy, l'archevèque, seigneur de Soubise, etc., qui possédait en 1396, la terre d'Aspremont, s'étant mariée avec Louis Ier, vicomte de Rochechouart, porta, par cette alliance, la terre d'Aspremont. De ce mariage, naquit Jacques de Rochechouart, baron d'Aspremont, en 1437.

Jacques de Rochechouart, seigneur d'Aspremont et de Brion, épousa Jeanne de la Tour-Landry, dont il n'eut qu'une fille, *Isabeau de Rochechouart* qui épousa *Renaud Chabot,* seigneur de Jarnac et lui apporta la baronnie d'Aspremont. Sous celui-ci en 1468, le château d'Aspremont fut assiégé par 3,000 Bretons qui voulaient délivrer des prisonniers faits sur eux, les prisonniers ayant été rendus par le baron, les Bretons levèrent le siège. Mais malgré les promesses qu'ils avaient faites, dévastèrent ses terres et pillèrent Saint-Gilles.

Renaud Chabot eut de sa femme Isabeau de Rochechouart, neuf enfants. Les trois premiers, ou moururent jeunes, ou bien renoncèrent à l'héritage paternel, car c'est le quatrième de leur fils qui hérita. Il se maria, le 15 septembre 1485 avec Madeleine de Luxembourg, et fut conseiller et chambellan du Roi. A sa mort qui arriva avant l'année 1520, la baronnie d'Apremont échut en partage à *Philippe Chabot,* son second fils. C'est ce personnage qui a le plus illustré la terre d'Aspremont et c'est à lui qu'on doit la construction du Château et des deux Tours qui restent encore.

Philippe Chabot, plus connu sous le nom d'*Amiral de Brion,* comte de Charny et de Buzançais, chevalier des ordres de Saint-Michel et de la Jarretière, amiral de France, lieutenant-général du roi au pays et duché de Bourgogne, conseiller au conseil privé, lieutenant-général de Monseigneur le Dauphin, aux gouvernements de Dauphiné et de Normandie, etc., fut élevé au château d'Amboise, à côté du comte d'Angoulême, depuis le roi François Ier, dont il fut l'un des favoris. Pendant le règne de ce prince il joua un rôle des plus important. En 1524, il défendit vigoureusement et victorieusement Marseille contre Pescaire et Bourbon qui assiégeaient cette ville avec l'armée de Charles-Quint.

L'année suivante il se battait en lion aux côtés de François Ier à la funeste bataille de Pavie et était fait prisonnier avec lui. Il fut employé par son maître pour les négociations et en récompense de ses services devint amiral de France en remplacement de Bonnivet, resté sur le champ de bataille.

L'amiral, devenu dès lors un des plus grands personnages du royaume apposa en 1529 sa signature au traité de Cambrai, connu sous le nom de *Paix des Dames*, et fut chargé de représenter le Roi auprès de l'Empereur pour la ratification des clauses. Avant de lui confier cette mission, le Roi l'avait en outre nommé lieutenant-général.

François Ier n'observa pas le traité de Cambrai avec plus de fidélité que celui de Madrid et dès 1535, il déclarait la guerre au duc de Savoie et lançait sur ses états une armée de 23.000 hommes.

d'infanterie, 800 lances et 1.000 hommes de cavalerie dont il donna le commandement à Philippe Chabot. Chambéry, Montmélian, et presque tout le Piémont furent bientôt en son pouvoir. Turin lui ouvrit ses portes, et le duc de Savoie, assiégé dans Verceil, ne dut de ne pas succomber qu'aux instances du cardinal de Lorraine, qui allait négocier la paix à Rome. Le roi en voulut toujours par la suite à Philippe Chabot d'avoir arrêté les hostilités sans son ordre. Chabot eut encore le malheur de venir se mêler aux intrigues de la cour.

Ce fut une des causes de sa disgrâce, aussi quand Charles-Quint envahit la Provence, l'amiral n'était plus là pour la défendre, le Roi avait refusé ses services. « Quelques temps après, dit » Brantôme, prenant pied sur quelques concus- » sions qu'on lui rapporta avoir fait en son gou- » vernement de Bourgogne, il le fit constituer » prisonnier et commanda de lui faire son procès » et le juger sur la sellette, comme le plus vil » prisonnier de la Tournelle ».

Chabot fut déclaré, le 8 février 1540, convaincu de concussions, d'exactions, de malversations et autres entreprises sur l'autorité royale, et condamné à 15.000 livres d'amende, au bannissement et à la confiscation des biens. Ce jugement, d'abord approuvé par le Roi, fut réformé, dans la suite, en certaines parties, après que la cause eut été instruite de nouveau, sur les instances dit-on de la duchesse d'Etampes, et Chabot put reparaître à la Cour. Il obtint, peu après, des lettres de grâce, fut déchargé de l'amende et rétabli dans ses emplois, tandis que ses ennemis furent disgrâciés à leur tour.

Le triomphe de l'amiral était complet, mais il ne put en jouir longtemps ; son jugement lui avait porté un coup mortel, et il décéda dans son hôtel à Paris, le 1er juin 1543. Léonor Chabot, son fils aîné lui fit élever par le sculpteur Jean Cousin, un superbe tombeau qui est aujourd'hui une des gloires du musée du Louvre. (1) Peu de temps avant sa mort, bien qu'il dût tenir à la baronnie d'Aspremont puisqu'il y avait bâti le superbe Château dont on admire encore les restes, il avait échangé le 3 mai 1542, avec Jean de Brosse ou de Bretagne, duc d'Etampes et comte de Penthièvre, la baronnie d'Aspremont, les terres et seigneuries de Palluau, Riez et Aizenay, pour la baronnie de Laigle en Normandie.

Jean de Brosse reprit un projet de canalisation de la *Vie* jusqu'à la mer qu'avait formé son prédécesseur et fit venir à Aspremont un architecte, Jehan le Florentin qui dressa en 1542 un plan, sur parchemin, unique en son genre et qui mesure 6 mètres une fois déployé. Ce document précieux pour l'Histoire du pays est conservé à la Bibliothèque nationale (section de Géographie. La dépense était estimée 20,000 livres, « sans

---

(1) Philippe Chabot fut inhumé dans la Chapelle des Célestins. Son oraison funèbre, prêchée par le dominicain Pierre Doré, a été imprimée sous le titre bien justifié de DÉPLORATION DE LA VIE HUMAINE.

» compter les réparations qu'il faudrait faire au » hâvre de Saint-Gilles. » Mais Jean de Brosse qui dépensait des sommes énormes dans les fêtes qu'il offrait à son épouse, Anne Pisseleu, l'ancienne maîtresse de François Ier, recula devant la dépense à cause de ses embarras pécuniaires et l'exécution du projet fut indéfiniment ajournée.

Après *Jean de Brosse,* la baronnie d'Aspremont passa aux La Trémoille, qu'on appelait les *Petits Rois du Poitou*, par suite du mariage de *Georges de la Trémoille* avec Madeleine de Luxembourg, fille de François de Martigue et de Charlotte de Bretagne et héritière de Jean de Brosse. Ce mariage eut lieu en novembre 1563.

De Georges de La Trémoille et de Madeleine de Luxembourg naquit Gilbert de La Trémoille, fils unique, qui fut, comme son père, baron de Royan, d'Olonne et d'Aspremont, grand sénéchal du Poitou et gouverneur du château de Poitiers. Il épousa en septembre 1592, Anne Hurault, fille de Philippe Hurault de Chiverny, chancelier de France. Après avoir servi fidèlement les Rois Henri III et Henri IV, pendant les troubles de la Ligue, il mourut en son château d'Aspremont, le 25 juillet 1603 et fut enterré dans un caveau placé sous le sanctuaire de l'Eglise.

Son fils, *Philippe de La Trémoille*, n'avait que 7 ans, quand il succéda à son père, il fut pendant sa majorité sous la tutelle de sa mère. Il servit le Roi Louis XIII contre les Protestants, et quand le jeune Roi les eut défaits dans l'île de Rié, le 16 avril 1622, il lui offrit l'hospitalité dans son château d'Aspremont ; Louis XIII y passa les journées des 17 et 18 avril et fit chanter dans l'Eglise qui existe encore un *Te Deum* pour célébrer sa victoire. C'est dans un Conseil tenu le 18, au château d'Aspremont que fut décidé le démantèlement de celui de la Garnache. Philippe de La Trémoille avait épousé en 1622, Madeleine Champgrand qui mourut en 1644, après lui avoir donné sept enfants ; il mourut lui-même en 1670.

L'aîné de ses fils, Louis, comte d'Olonne, n'ayant point eu de postérité, et le cadet s'étant fait Jésuite, la plus grande partie de ses biens, entre autres les baronnies d'Aspremont et de Commequiers, passèrent au dernier des garçons puînés, *François de La Trémoille,* né en 1637, marié à sa cousine Julie ou Lucie de La Trémoille, fille de Louis, duc de Noirmoutiers, et mort en 1696. Il naquit de ce mariage une fille unique, *Marie-Anne de La Trémoille,* qui épousa *Paul-Sigismond de Montmorency-Luxembourg,* duc de Châtillon, auquel elle apporta en dot la baronnie d'Aspremont. Elle mourut en 1708, à l'âge de 32 ans. Elle laissait deux enfants : Charles-Paul Sigismond de Montmorency-Luxembourg, duc de Bouteville et Anne-François-Frédéric, marquis de Royan.

Charles-Paul-Sigismond, l'aîné, baron d'Aspremont, se maria deux fois : d'abord, en 1713, avec Anne-Catherine-Eléonore Le Tellier, fille du ministre secrétaire d'Etat de ce nom, morte sans enfant ; en 1716, et, secondement, avec Anne-Angélique de Harlus, fille de René de Harlus, seigneur de Vertilly, dont il eut trois enfants : *Charles-Anne-Sigismond de Montmorency-Luxembourg,* duc d'Olonne, colonel du régiment de Touraine, etc., *Louis-Victor,* chevalier de Malte, mort en 1725 et *Marie-Renée,* morte en 1728.

Charles-Anne-Sigismond épousa, vers 1735, Etiennette de Bullion et eut de ce mariage : 1° Anne-Charles-Sigismond de Montmorency-Luxembourg, marquis de Royan, né le 9 octobre 1737 ; 2° Anne-Paul Sigismond, chevalier de Luxembourg ; 3° Bonne-Marie-Félicité.

Vers 1760, Charles-Anne-Sigismond, baron d'Aspremont, vendit son château et sa baronnie aux demoiselles *Michelle* et *Marthe-Eulalie Grou,* demeurant à Nantes, paroisse Saint-Nicolas. Cette vente, attaquée par le fils aîné du baron, fut maintenue par un arrêt du Parlement du 31 août 1768. Mais les nouvelles propriétaires ne gardèrent pas longtemps leur domaine et le vendirent à leur tour au sieur *Jean-Charles Leroux des Ridellières* et à son épouse la dame Michelle-Flore-Victoire Prudhomme. Ce sont ces derniers qui le possédaient au moment de la Révolution. A cette époque, Aspremont devint chef-lieu d'un canton qui comprenait outre la paroisse d'Aspremont, celles des Habittes, Maché, Commequiers et Saint-Maixent-sur Vie et fit partie du district de Challans.

En 1791, il y eut des troubles assez graves à l'occasion du départ du vicaire qui n'avait pas prêté le serment à la Constitution civile du Clergé. Au cours de la guerre, le Château fut occupé par une garnison républicaine, d'après la tradition, de nombreuses exécutions y eurent lieu, suivant toujours la tradition, les victimes furent enterrées dans deux pièces de terre dépendant du Château, celle du *Potager* à l'ouest, et celle de l'*Epine*. En l'absence de tous documents, le jour ne se fera véritablement jamais sur ces tristes évènements. Il est en revanche certain que les tombes des anciens seigneurs de La Trémoille qui se trouvaient dans le caveau situé au-dessous du chœur de l'Eglise furent profanées et jetées au vent.

Au commencement du siècle il fut un instant fortement question d'Aspremont pour en faire le chef-lieu du département et on reprit alors le projet de canalisation de la *Vie*, mais l'abbé Herbert, curé d'Aizenay, fit préférer La Roche-sur-Yon, comme se trouvant plus au centre. Lors de la réorganisation des cantons, Aspremont, qui dans les actes des siècles derniers était souvent dénommé *la ville* d'Aspremont, devint simple chef-lieu de commune, dépendant du canton de Palluau.

Lors de l'insurrection de 1815, le bourg fut successivement traversé par les troupes de Suzannet, La Rochejaquelein et celles du général Travot, et il vit également la duchesse de Berry, à son retour de la visite qu'elle fit aux Mathes ; mais depuis il ne s'y est passé aucun fait digne de remarque,

Le Château devenu la propriété de *Mme de Monty,* qui l'avait recueilli dans la succession de ses père et mère, M. et Mme Lerouse des Ridellières, passa ensuite aux mains de son fils, *M. le marquis de Monty de la Cour de Bouée.* Enfin par acte du 16 juin 1840, celui-ci l'échangea avec M. Allégret, ancien négociant en draps à Nantes, pour les marais de Donges. Depuis cette époque, cette famille le possède toujours.

LE CHATEAU

Ainsi que nous l'avons déjà dit la position du Château était très forte. Perché sur la pointe d'un cap qui forme l'extrémité d'une sorte de presqu'île, fermée au midi par la rivière, au levant et au couchant par deux gorges profondes, il n'était accessible que par le nord, aussi c'est par là encore aujourd'hui que se trouve l'entrée. Après avoir traversé une avant-cour dans laquelle se trouvent des ormeaux d'une magnifique végétation, on franchit une porte autrefois défendue par deux tours qui subsistent encore. C'est évidemment à cette porte que donnait accès le pont-levis qui se trouvait sur la douve aujourd'hui comblée.

Quand on a franchi la porte d'entrée, on se trouve dans une vaste cour divisée en deux : cour de la ferme et cour du Château proprement dite à gauche, sur le flanc du ravin, se dresse la Chapelle avec son élégante toiture et sa belle porte d'entrée à crossettes, surmontée d'un fronton cintré et richement orné. Elle fut bâtie par l'amiral Philippe Chabot (de 1530 à 1535), en même temps que les tours et le bâtiment principal qui les reliait entre elles et qui fut démoli à une époque qu'il est impossible de préciser. Cependant d'après la tradition du pays, un des propriétaires du Château en aurait vendu les matériaux pour la construction du Pirmil à Nantes ; ce qu'il y a de certain, c'est qu'on s'accorde généralement à dire que le Château était démoli à l'époque de la Révolution, il y avait à cette époque de nombreuses années que ses propriétaires ne l'habitaient plus (1).

On monte dans la tour du sud-est au moyen d'un escalier qui a été fait postérieurement à la démolition du bâtiment principal. Cette tour renferme quatre pièces superposées, à remarquer la hauteur des étages, la largeur des fenêtres et surtout l'épaisseur des murs, dans lesquels on a ménagé des fenêtres et surtout des cabinets de toilette. De la quatrième on entre de plein pied sur une vaste galerie extérieure ornée d'une élégante balustrade autour de laquelle on peut se promener et d'où on a une vue ravissante.

La tour de l'ouest n'a pas d'escalier, et sa galerie n'a plus de balustrade, mais en dessous de cette tour se trouve une vaste galerie souterraine conduisant de la plate forme établie à la base des tours au jardin bas du Château et qui est une merveille de construction. Cette galerie est connue dans tout le pays sous le nom de la *Voûte*. Avant que

---

(1) Un dessin de Jehan Florentin reproduit par M. de Rochebrune dans POITOU ET VENDÉE, nous donne l'idée de ce qu'était autrefois le Château d'Apremont.

les portes d'entrées aient été rétrécies, on pouvait y passer facilement à cheval, et elle était vraisemblablement l'entrée du château du côté de la rivière.

Au commencement de ce siècle on a bâti entre les deux tours, pour loger le fermier principal de la propriété du Château, appelée encore dans le pays la *baronnie*, un ignoble rez-de-chaussée couvert en tuiles. « Nain difforme et ridicule, a » dit un écrivain (1), qui cherche vainement à » enjamber l'espace vide et qui semble placé là » tout exprès pour mieux faire ressortir la gran- » deur des tours solitaires et la magnificence éva- » nouie des siècles passés ».

Il ne faudra pas quitter Apremont sans aller visiter l'Eglise de la terrasse de laquelle on a une fort belle vue sur le Château et la vallée de la *Vie*. A signaler également dans les maisons qui avoisinent l'hôtel, de fort curieux puits creusés dans le roc et qui méritent bien une visite des antiquaires.

B) Par le chemin de fer

Les personnes tant soit peu marcheuses, ont un moyen fort simple d'aller à Apremont, c'est se rendre en chemin de fer jusqu'à Saint-Maixent-sur-Vie, et une fois descendues à cette station, de prendre la route que nous avons indiquée plus haut. De la station de Saint-Maixent-sur-Vie à Apremont, 5 kilomètres.

---

(1) A. de Brem. — LE CHATEAU D'ASPREMONT, p. 39.

VII. — L'AIGUILLON-SUR-VIE
LA CHAIZE-GIRAUD, BEAUMARCHAIS

En partant du pont de Saint-Gilles, on prend la route de La Roche-sur-Yon (chemin vicinal de grande communication nº 134). On passe devant la Minoterie et devant le Calvaire, on suit pendant environ 6 kilomètres cette route à travers une plaine monotone ; arrivé aux *Quatre-Chemins*, on voit le pays s'accidenter tout à coup ; on quitte alors la route de La Roche pour prendre à droite la route de Challans aux Sables (chemin vicinal de grande communication nº 132). A environ 1 kilomètre de là, la route passe sur le ruisseau le *Goran,* à un endroit appelé le *Pont-de-Salmon.* Là eut lieu un combat en 1815. Les Royalistes sous le commandement de Nicolon des Abbayes, protégeaient un convoi d'armes et de munitions qui venaient d'être débarquées à Saint-Gilles par les Anglais en même temps que Louis de La Rochejaquelein. Le général Travot à la tête de quelques troupes les attaqua pour intercepter le convoi. Mais les Royalistes firent bonne contenance et purent pénétrer dans l'intérieur du pays. D'après les mémoires du général Canuel qui, du reste, n'assistait pas au combat, quelques barils de poudre seulement tombèrent entre les mains de Travot, et les Royalistes auraient tué beaucoup de monde aux troupes impériales en ne-

subissant eux-mêmes que peu de perte, tandis que d'après la tradition du pays, les paysans qui occupaient une des hauteurs, se seraient débandés en se voyant tournés par une partie des troupes de Travot et auraient laissé leurs sabots pour courir plus vite : le lendemain on en aurait trouvé les chemins du voisinage comme pavés. (1)

La propriété qu'on aperçoit sur une hauteur à gauche de la route est l'ancienne abbaye de *Saint-Grégoire*.

A 3 kilomètres des *Quatre-Chemins* et à 9 de St-Gilles, **L'AIGUILLON-SUR-VIE**, commune de 836 hab.

D'après la légende, il existait jadis aux environs de ce bourg une chapelle de Sainte-Hélène (2), et les habitants du pays s'étaient réunis pour construire une Eglise sur l'emplacement de cette chapelle. Mais un d'eux qui transportait des matériaux pour la construction, étant entré à une auberge pour se rafraîchir et ayant laissé sa charrette et ses bœufs sur le chemin, à l'endroit même où l'Eglise a été construite depuis, en ayant soin de piquer son aiguillon (3) en terre, devant ses bœufs pour les

(1) Nous tenons de l'obligeance de M. Nicolon des Abbayes, le fils du général vendéen, une copie d'un rapport adressé par celui-ci au général en chef et dans laquelle il affirme avoir repoussé avec beaucoup de succès toutes les attaques des Bonapartistes.

(2) On trouve encore sur le bord du Jaunay, à une certaine distance de l'Aiguillon, un village qui s'appelle Sainte-Hélène.

(3) Longue gaule armée d'une pointe à son extrémité, qui sert à nos paysans à diriger ou faire avancer leurs bœufs.

empêcher d'avancer, ne fut pas médiocrement étonné en sortant de l'auberge de voir que celui-ci avait pris racine en terre et même qu'il avait poussé des bourgeons. Tout le monde voyant dans ce miracle une intervention de la volonté divine, conclut que Dieu voulait qu'on lui élevât l'Eglise en cet endroit et non ailleurs, et c'est ce qui fut fait. Des maisons vinrent bientôt se grouper autour de l'Eglise et le bourg prit le nom de l'Aiguillon sur-Vie (*super viam*), non à cause de la rivière de *Vie* qui se trouve à 8 kilomètres de là, mais parce qu'il se trouvait sur une ancienne voie romaine venant de La Chapelle-Palluau à Saint-Gilles et dont on reconnaît la trace dans le chemin appelé encore de nos jours chemin ferré et passant au dessus du bourg.

En sortant de l'Aiguillon, la route longe à gauche les murs d'un parc : c'est la belle propriété de Marigny où a existé un vieux château qui a appartenu au siècle dernier à la famille Robert de Lézardière (1). A 2 kilomètres environ, on traverse la rivière le *Jaunay* au pont de La Chaize qui joua un rôle important pendant les guerres de la Vendée, parce que c'était par là qu'avaient lieu les communications entre Les Sables, Saint-Gilles et les différentes colonnes républicaines. Aussi les Vendéens faisaient-ils tous leurs efforts pour le détruire et ils y parvinrent une ou deux fois, mais à chaque fois les

(1) La propriété de Marigny appartient aujourd'hui à M. Dubois de la Pâtellière.

Républicains s'empressèrent de le rétablir. Puis à 3 kilomètres de l'Aiguillon et dans une très heureuse situation, sur un des sommets de la vallée du *Jaunay*, d'où elle domine tout le pays : **LA CHAIZE-GIRAUD.** (1)

Historique. — La Chaize-Giraud a eu, pendant tout le Moyen-Age, grâce à sa position sur le *Jaunay* et sur le chemin de Nantes aux Sables, une assez grande importance. Ses foires subsistent encore et celles des porcs, notamment, sont réputées dans tout le pays. Le Château qui était attenant à l'Eglise et dont on voit très distinctement l'emplacement sur un vaste terre-plein en avant du bourg commandait le passage de la rivière et devait être une forteresse féodale très sérieuse. Il fut fondé dès le xe siècle par Emery Giraud, dont il prit le nom. Il fut en partie détruit en 1326 par un seigneur Garreau, qui pourrait bien être le fondateur de la Chapelle de Notre-Dame-de-Garreau, lieu célèbre de pélérinage vendéen dont nous parlerons à la fin de ce travail. La chatellenie de La Chaize-Giraud qui avait droit de haute justice et dont la juridiction s'étendait sur plusieurs paroisses, avait successivement appartenu aux familles d'Aubigné, de Haye Chauvin de la Musse, et devint la propriété de Vincent Bouhier, seigneur de Beaumarchais, dont nous parlerons plus loin et resta depuis ce temps dans sa famille. C'est à Vincent Bouhier qu'est dûe la création des foires de la Chaize, il les ob-

(1) Commune de 237 hab.

tint par lettre patente du Roi Henri IV, de l'année 1600.

La Chaize-Giraud possède une très curieuse Eglise qui a elle seule vaut l'excursion. Cette Eglise de style poitevin remonte aux XIIe et XIIIe siècles. Son portique très remarquable possède des bas reliefs, d'un très bon travail représentant l'Annonciation (à gauche) et l'adoration des Mages (à droite). Il faut demander à voir dans l'intérieur de l'Eglise une Vierge en ivoire du XIIIe siècle (1).

Une fois dans le bourg de La Chaize au lieu de tourner à gauche, ce qui mènerait à Bretignolles *(V. Excursion suivante)*, on continue devant soi en se dirigeant du côté de la mer. A 3 kilomètres du bourg environ, on aperçoit sur sa droite non loin du marais du *Jaunay*, et au milieu des bois un Château très important, c'est le Château de **BEAUMARCHAIS** *(Beau-marais)*.

Historique. — Le premier seigneur connu de Beaumarchais est *Jehan Mauclerc*, seigneur de la Brossardière. A sa mort, Beaumarchais échut à René, son fils aîné, mais la veuve de celui-ci Marie des Granges, épouse en secondes noces de Clément Maynard, vendit dès 1562 « l'hostel et » fiefs » de Beaumarchais à *Robert Bouhier*, écuyer, seigneur de Rocheguillaume. Les mem-

(1) L'Eglise de La Chaize tombait en ruine, mais elle a été restaurée dans ces dernières années grâce aux libéralités et au dévouement d'une vieille demoiselle des Sables, Mlle Malescot, qui y a consacré ses modestes ressources.

Le Château

bres de cette famille, originaires des Sables, s'étaient enrichis dans l'armement ou *commerce de mer*.

Le troisième fils de Robert Bouhier et de Marie Garreau, dame de Brosse, son épouse, et qui se nommait Vincent, eut dans sa part d'héritage la seigneurie de Beaumarchais. Intelligent et ambitieux, Vincent Bouhier devait arriver à une immense richesse et une des hautes situations de l'Etat. Ayant eu souvent l'occasion d'être en rapport avec Henri IV par sa charge de payeur des écuries du Roi, il trouva moyen par sa situation dans le pays de ramener à la cause royale un certain nombre de gentilshommes. Le Béarnais n'oublia point ces services, et Vincent Bouhier de Beaumarchais devint successivement conseiller du Roi, trésorier de l'extraordinaire des guerres, commis à la direction des finances en la généralité de Poitou, et après son mariage avec Lucrèce Hotman (1596), trésorier de l'épargne royale. La même année, M. de Beaumarchais acheta du duc de Montpensier la moitié de la châtellenie de la Maurière, de la Mothe-Achard, de Falleron et de la Garenne de Raiz et Retz ; en 1599, la seconde moitié de cette garenne ; en 1600, le château de La Chaize-Giraud et la seigneurie de La Chapelle-Hermier, puis vraisemblablement Vincent Bouhier fit bâtir le Château qui existe encore.

Pendant les premières années du règne de Louis XIII, Vincent Bouhier, devenu comte de Châteauvillain, demeura aussi influent, et ce fut grâce à lui qu'un de ses gendres, le marquis de la-

Vieuville (son autre fille épousa successivement Louis de la Trémoille, marquis de Noirmoutiers, puis Nicolas de l'Hôpital, duc de Vitry), obtint en 1623, la surintendance des finances. Mais bientôt sous l'inspiration de Richelieu les financiers furent poursuivis et Beaumarchais qui se sentait le plus menacé comme étant le plus important d'entre eux s'enfuit à Noirmoutiers.

Il se trouva bien d'avoir pris cette précaution car il fut condamné par la chambre de justice à être pendu et étranglé et fut exécuté en effigie. Mais cette condamnation ne fut point maintenue et il vécut tranquillement encore une dizaine d'années.

Le duc de la Vieuville lui succéda comme seigneur de Beaumarchais. A son tour, il eut pour héritier de cette terre son fils Charles, lieutenant général des armées du Roi, lieutenant général du Poitou et gouverneur du futur Régent. A la mort de René François, qui lui avait succédé en 1689, ses enfants vendirent la terre de Beaumarchais à dame Suzanne Pascaud, veuve d'Etienne Le Moyne, écuyer, conseiller du Roi. Mme le Moyne de Beaumarchais mourut en 1764, laissant un fils, Etienne-Charles-Antoine, qui fut écuyer de Mme Adélaïde de France, joua dans son temps un rôle considérable et employa son crédit et sa fortune aux entreprises et aux améliorations les plus utiles à la contrée (1).

---

(1) La propriété de Beaumarchais est restée depuis aux descendants de sa sœur.

A environ 6 kilomètres de La Chaize-Giraud on rencontre la route de Saint-Gilles à Bretignolles (chemin de grande communication n° 33), on tourne à droite et après avoir traversé le *Jaunay* et son marais on arrive à Saint-Gilles (5 kilomètres 700) après avoir longé tout le temps (sur la gauche) le *Jaunay* et la garenne du Raiz ou de Retz. On appelle ainsi les dunes qui s'étendent entre le *Jaunay*, la mer et l'embouchure de la *Vie*. Ces dunes ont été formées par l'action du vent de mer qui s'est exercée là pendant un grand nombre de siècles, massant sur ce rivage les grains de sables enlevés à l'Océan.

La garenne qui faisait partie jadis de la seigneurie de Retz, qu'il faut bien se garder de confondre avec celle de Rié, passa en 1244 dans la maison de Chabot, par le mariage de Girard Chabot avec Eustachie, fille de Raoul, seigneur de Retz, de Machecoul et de Salvagie de la Mothe-Achard. Le premir acte où il soit fait mention de la garenne est du 1er octobre 1381 ; par cet acte, Girard III Chabot, seigneur de Retz « donne usufruit de sa garenne à connins (ou conils) située entre Machecoul et La Chaume ». (1)

La fille de ce Girard III épousa Foulques de Laval, aïeul de Gilles de Retz, le célèbre *Barbe-Bleue* dont la fille, Marie de Rays, épousa succes-

(1) Il semblerait résulter de cet acte que la garenne était à cette époque plantée de pins. On se demande à quelle époque et pour quelle cause ils auraient disparu. Il ne reste dans le pays aucun souvenir de cette disparition qui doit être extrêmement ancienne.

sivement, Prégent de Coétivy, grand amiral de France, puis en 1450, André de Laval, sire de Sohéac.

La garenne fut ensuite détachée de la seigneurie de Retz pour devenir du domaine de la Mothe-Achard. Enfin, comme nous l'avons vu plus haut, en 1596 et 1599, Henri de Bourbon, duc de Montpensier, en vendant à Vincent Bouhier la châtellenie de la Mothe-Achard, Falleron et de la Maurière, lui céda en même temps la garenne de Retz « avec tous les droits de la dicte garenne, naufra- » ges, bris de mer et droits d'ancrage ». Depuis cette époque la garenne de Retz a toujours dépendu de Beaumarchais. C'est sur portion de cette garenne que sont construits le Casino et les châlets de la Plage de Saint-Gilles. La garenne dépend de cette commune depuis 1865, auparavant elle faisait partie de Bretignolles, elle est toujours restée attachée à cette paroisse au point de vue spirituel. (1)

Après avoir passé le marais du *Jaunay,* on aperçoit un clocher carré couvert en tuiles, c'est l'église de Givrand, petite commune de 402 habitants.

Givrand qui n'a rien d'intéressant aujour-

(1) Sur le bord du Jaunay, à environ 2 kilomètres de Saint-Gilles et à 400 mètres de la plage, a été créée dans une conche ouverte vers l'est un véritable oasis qui a été nommé Kerlo par son auteur. M. Bénéteau qui s'est consacré à cette œuvre a ainsi démontré ce qu'on pourrait faire au point de vue de l'agrément dans ces dunes jusqu'ici dénuées d'arbres.

d'hui, possédait une vieille et curieuse Eglise romane démolie depuis un certain nombre d'années, et qui dépendait autrefois de l'abbaye de Saint-Michel-en-l'Herm.

Dans les murs de l'ancienne Eglise, on a trouvé des vases acoustiques vraiment curieux, et en faisant les fouilles pour les fondements de la nouvelle Eglise, on a mis au jour une grande quantité de tombeaux mérovingiens ; mais la presque totalité des cercueils de pierre avait été visitée à une époque inconnue. Une bague en argent, du VIIe siècle, a été recueillie avec quelques petits ornements moins précieux.

VIII. -- LA SAULZAIE, BRETIGNOLLES LA PARÉE, ST-NICOLAS ST-NICOLAS-DE-BREM, LA GACHÈRE

En partant du pont qui relie Saint-Gilles et Croix-de-Vie, on suit à droite les quais de Saint-Gilles, puis au lieu de se diriger vers la Plage on prend la première route qui se présente à gauche, c'est la route des Sables (chemin de grande communication n° 33) *(V. Excursion précédente)*, après avoir laissé sur sa gauche Givrand *(id.)*, passé le marais du *Jaunay*, et laissant également à gauche le château de Beaumarchais *(id.)*, on trouve à 6 kilomètres de Saint-Gilles le village de **LA SAULZAIE**, remarquable par ses ombrages dans un pays qui en est généralement dénué.

A l'entrée du village de La Saulzaie on aperçoit un chemin sur la droite de la route, ce chemin très sablonneux mais assez large, est praticable au moins pour les voitures légères et conduit (environ 1.500 mètres) sur le bord de la mer à l'endroit appelé le *Grand Rocher*, où se trouve au dessous d'une ancienne vigie en ruine une petite grotte (1).

A partir de là jusqu'à un endroit qui s'appelle Le *Marais-Girard* (environ 8 kilomètres) la côte qui, à partir de Saint-Gilles était formée simplement de sables, devient très rocheuse et présente une série d'écueils extrêmement dangereux qui s'avancent assez loin en mer. Aussi toute cette côte a-t-elle été de tout temps très fertile en naufrages (2) et jadis les habitants de Bretignolles et des villages voisins de la côte vivaient de naufrages, et avaient même la réputation de les aider un peu. Inutile d'ajouter que depuis longtemps ces barbares pratiques ont disparu et que les malheureux que leur mauvais sort jetterait sur les rochers de la côte de Bretignolles, seraient sûrs de rencontrer à terre, s'ils échappaient à la fureur de l'Océan, les soins les plus empressés. Aujourd'hui ces laborieuses et honnêtes populations en dehors des modiques profits que leur donne la pêche des crevettes et des coquillages, cultivent avec ar-

(1) On pêche à La Saulzaie des crevettes renommées.

(2) Deux bâtiments dont un trois-mâts de Granville portant 20 hommes d'équipage, y ont encore péri dans la tempête du mois de décembre 1896.

deur leurs champs et leurs vignes qui leur donnent un petit vin blanc très apprécié dans le pays et qu'ils fument au moyen du goëmon ou varech qu'ils vont recueillir sur la côte. Ils ont pour utiles auxiliaires dans cette rude besogne, ces braves petits animaux à longues oreilles dont on aperçoit des échantillons à chaque pas dans les champs d'alentour et qui sont par leur sobriété et leur endurance à la fatigue, la providence du pays.

A 10 kilomètres de Saint-Gilles, **BRETIGNOLLES**, chef-lieu d'une commune de 1.062 hab.

Ce bourg possédait avant la Révolution un prieuré-cure de chanoines réguliers de Saint-Augustin, dépendant de l'abbaye de Nieul-sur-l'Autise.

Jadis les habitants de Bretignolles (dans les anciens actes *Berticolo, Bertignole)*, faisaient remonter la fondation de leur bourg à *Bretignolus,* commandant d'un vaisseau de ce prince *Lucius*, fils de l'empereur Constantin Pogonat et prétendu fondateur de Luçon. C'est sans doute ce qui avait donné lieu dans le pays au dicton : *Fier comme un Bretignollais.*

Du milieu du bourg de Bretignolles part, à droite de la route, un chemin carossable qui mène (environ 1.500 mètres) au bord de la mer à un endroit appelé **LA PARÉE**, où depuis deux ou trois ans on a construit quelques chalets de bains de mer. Pendant la saison, beaucoup d'habitants de la région viennent y passer la journée, principalement le dimanche et lors des grandes marées, parce qu'à ce moment, la mer, en se retirant, découvre une plus grande quantité de rochers et permet une pêche particulièrement abondante.

A environ 1,800 mètres de Bretignolles et sur le territoire de cette commune, mais beaucoup plus près de Saint-Nicolas-de-Brem, dont nous allons parler tout à l'heure, on aperçoit à droite et à une faible distance de la route un dolmen bien conservé. L'entrée est à l'orient. La table en quartzite, a 2m55 de longueur, 2m33 de largeur et 0m45 d'épaisseur, inclinée à l'ouest, elle pose sur trois supports, dont deux en granit et le troisième en quartzite. On l'appelle *Pierre levée de Soubise* ou *Pierre du Diable*. Le nom de Soubise est synonyme de démon, en raison, du triste souvenir qu'ont laissé ses dévastations de 1621-1622. (1)

A 13 kilomètres de Saint-Gilles, **SAINT-NICOLAS-DE-BREM** (chef-lieu d'une commune de 138 habitants). D'après certains étymologistes, l'origine du nom de *Brem*, viendrait du mot *brenn, brennus* (chef) parce que c'était autrefois la résidence d'un chef gaulois ou que le tumulus dont nous allons nous occuper est peut-être le tombeau d'un chef. D'autres prétendent que ce nom viendrait de

(1) Les loups-garous qui sont sensés passer, comme un éclair à la porte des villageois, les génies malfaisants qu'on croit voir ou entendre dans l'ombre, sont nommés Soubises, parce que Soubise était l'épouvante des catholiques, et qu'il avait la réputation d'être partout à la fois. Ce qu'il y a de plus remarquable dans la Pierre du Diable c'est sa position, on y jouit d'un panorama remarquable.

BRETIGNOLLES

La Pierre du Diable

braïm, bramer, crier, parce que jadis la mer mugissait en se précipitant dans l'étroit goulet, aujourd'hui comblé, par lequel le ruisseau le *Brandeau* se jetait dans l'Océan. Aucun d'eux n'a songé à l'explication la plus simple et la plus logique, c'est qu'en langue celtique le mot *brëm* veut dire montagne, or Saint-Nicolas et la localité voisine tirent certainement leur nom de la très curieuse butte qui se trouve en avant de l'Eglise et qui a dû avoir dans les temps anciens une très grande importance. (1).

Cette butte ou tumulus qui est incontestablement dûe au travail des hommes, la seule inspection des lieux le démontre, n'a pas moins de 22 mètres de hauteur et a 170 mètres de circonférence moyenne. Sa largeur est, à son sommet, de 34 mètres sur une face et de 48 mètres sur l'autre. Elle a toujous passé dans le pays pour être sillonnée de souterrains et de salles-refuge. Des fouilles bien dirigées amèneraient sans doute des découvertes bien intéressantes.

Il est impossible de savoir à quelle époque remonte ce très important travail, ni quel était exactement sa destination première. Il est vraisemblable cependant qu'il avait été fait pour servir de défense au port naturel formé en arrière de Saint-Nicolas par la vallée du Brandeau, et qui d'après la légende avait été creusé par saint

(1) C'est M. Bénéteau qui a bien encore voulu nous proposer cette étymologie du nom de Brem, que pour notre part nous acceptons absolument.

Martin de Vertou, le grand apôtre de ces contrées. Longtemps la butte de Saint-Nicolas s'est appelée le Château, sans doute parce qu'au Moyen-Age elle a porté des constructions dont on peut voir encore la trace. Enfin d'après une légende elle renfermerait un immense trésor qui est gardé par un *chien rouge*.

L'Eglise de Saint-Nicolas quoique veuve de ses bas côtés est extrêmement intéressante pour les antiquaires, c'est le seul spécimen de l'architecture bysantine que nous ayons en Bas-Poitou. A remarquer le saint Nicolas qui est au-dessus du portique et un très beau Christ ancien en pierre dans l'intérieur de l'Eglise. Cette Eglise est antérieure au xe et peut-être au ixe siècle.

A 14 kilomètres de Saint-Gilles, **SAINT-MARTIN-DE-BREM**, (chef-lieu d'une commune de 743 hab.). On trouve dans le vocable sous lequel est placé l'Eglise de cette paroisse un souvenir de saint Martin de Vertou, dont nous parlions plus haut.

Ce coin de terre a été habité dès la plus haute antiquité et on retrouve des traces nombreuses des monuments mégalitiques. Rien que dans la commune de Saint-Martin-de-Brem on compte quatre groupes de ces pierres. Le marais de la *Pierre* (section E, du cadastre n° 345) rappelle le premier; le dolmen du *Quarteron de la Pierre* (section A, n° 644) est le second, il n'en reste plus que trois blocs ; celui du *Terrier de la Grosse-Pierre* (section C, n° 74) qui n'a conservé aussi que trois supports, est le troisième ; le quatrième (section B, n° 801) a seul gardé son aplomb, c'est le menhir

SAINT-NICOLAS-DE-BREM

L'Eglise et la Butte

de la *Crulière*, situé dans le pré de la *Pierre*. Sa hauteur est de 2 m 59, sa largeur de 2 m 50, et son épaisseur de 1 m 15. Si on croit la légende du pays, un gros garçon de 15 ans, s'étant donné lui et sa vache au diable, cet énorme monolithe lancé par le bras de Satan, les écrasa tous les deux.

Par un temps clair on jouit de Saint-Martin-de-Brem d'un magnifique panorama. Enfin il ne convient pas de quitter cette localité sans signaler une curieuse culture à laquelle se livrent ses habitants, c'est celle des pêchers nains, qu'on peut servir sur une table en pots et avec leurs fruits pendant aux branches.

Enfin, à 1 kilomètre de Saint-Martin, **LA GACHÈRE** et le hâvre de ce nom. Ce village qui dépend de la commune de Saint-Martin, possédait jadis un port d'une certaine importance, port formé par l'embouchure de l'*Auzance* et de la *Vertone* qui venaient à cet endroit se jeter dans la mer, mais à différentes reprises les différents chenaux qu'on avait ménagés s'étaient trouvés comblés par l'action des sables et tous les travaux qu'on avait essayés s'étaient trouvés en pure perte.

Les rivières n'avaient d'écoulement que par le canal de la Gâchère qui se jette dans le port des Sables, produisant souvent dans le pays de désastreuses inondations et les eaux croupissantes causant dans la population un nombre énorme de fièvres (95 %). Ce n'est qu'en l'année 1893-1894 que l'administration des Ponts et Chaussées en la personne de M Dou, ingénieur ordinaire chargé des travaux maritimes aux Sables a exécuté des travaux qui ont eu pour but de rétablir l'ancien chenal et de protéger celui ci contre les sables qui viennent toujours du nord-ouest, au moyen d'une jetée. Ces travaux paraissent avoir réussi. Il y a environ 3 kilomètres de la Gâchère à la jetée qui se trouve à l'entrée du chenal ; mais, comme il n'y a aucun chemin pour se rendre à cette jetée et qu'il faut traverser des marais, les personnes qui voudront s'y rendre devront se faire accompagner par un habitant du village. A la Gachère se trouve un bac qui va être incessamment remplacé par un pont dont la construction est votée et en continuant de l'autre côté du hâvre, on arrive aux Sables (12 kilomètres) en passant par la forêt d'Olonne.

IX. — LES MARAIS SALANTS ROMANGUY LE PLESSIS, LA BODELINIÈRE

Nous avons réservé pour la fin une des plus intéressantes excursions pour les étrangers, c'est celle des **MARAIS SALANTS** qui s'étendent de chaque côté de la rivière de *Vie*, mais principalement sur la rive droite. De Croix-de-Vie on accèdera facilement à ces marais en prenant à gauche du pont et en suivant les quais en face de Saint-Gilles. Au bout du quai on trouve droit devant soi un chemin qui mène dans les Marais.

L'industrie des salines est extrêmenent ancienne dans notre pays. Si on en croit certains auteurs il faudrait peut-être en faire remonter l'origine jusqu'aux Romains. La Sicile et autres contrées méridionales de l'Italie fabriquaient le sel bien avant la conquête de la Gaule par ces derniers et il est donc très raisonnable de supposer que ce furent eux qui apportèrent chez nous les procédés de cette fabrication.

Quoiqu'il en soit les salines de l'Océan ne sont mentionnées pour la première fois qu'en 634, dans la chronique de Saint-Denis, qui relate parmi les biens confisqués sur Sadrégisiles, duc d'Aquitaine, dont Dagobert fit don à l'abbaye de Saint-Denis, les salines qui sont sur la mer *(cum salines suprà mare).*

Les Marais salants sont formés d'un vaste bassin creusé dans le sol et divisé lui-même en plusieurs petits bassins nommés *aires* ou *œillets*; cette subdivision est séparée par de petites cloisons très peu élevées, plates, servant de chemins d'exploitation et de tirage du sel ; ces cloisons sont mises en communication les unes avec les autres par de petites coupures fermées à l'aide d'une planchette que le *saunier* ou exploiteur du marais lève à volonté pour faire circuler les eaux.

Le sel marin au muriate de soude se fait par l'évaporation spontanée de l'eau de la mer à la chaleur du soleil et, par conséquent, le *salange* n'a lieu que pendant l'été. Pendant les années sèches, il se produit beaucoup de sel ; au contraire lorsque les étés sont pluvieux il s'en fait très peu.

Les œillets ou aires doivent être bien battus sur fond de glaise assez compact pour retenir l'eau ; ce sont des bassins d'évaporation que le saunier alimente, au fur et à mesure qu'il a tiré le sel, par l'eau échauffée préalablement dans les *nourrices* disposées en canaux formant de longs circuits. Ces canaux ou nourrices reçoivent eux-mêmes leur alimentation en eau de mer dans les grandes marées ou marées des syzygies.

Le saunier retire sur les séparations des aires le sel précipité au fond du bassin d'évaporation à l'aide d'une raclette en bois munie d'un long manche, nommée *raballet*. La récolte est ensuite portée sur le *tesselier* au bord extérieur de tout le champ de marais, souvent au bas des *bossis* (1) qui l'entourent.

Lorsque la saison a été bonne et que de nombreux tas de sel garnissent le marais on croirait à une certaine distance avoir devant soi le campement d'une armée.

Pour empêcher la fonte de la récolte par les pluies d'hiver, le saunier recouvre ses tas de sel d'une couche de paille ou de roseaux revêtue d'un chapeau de terre glaise. Tout sel enlevé du marais doit payer à l'Etat des droits qui sont bien supérieurs à sa valeur réelle, c'est pourquoi les Marais salants sont très surveillés par les douaniers. On

---

(1) Espaces cultivés qui séparent les champs de marais les uns des autres. Les bossis ont été formés par la terre enlevée du champ de marais lorsqu'il a été creusé.

peut voir de distance en distance, principalement sur le bord des chemins donnant accès dans les marais salants des petites cabanes en terre et paille pilée que les douaniers ont construites pour se mettre à l'abri pendant la nuit.

Il n'y a pas d'industrie qui ait à supporter d'aussi lourdes charges que celle des marais salants. Non seulement le sel a, comme nous l'avons dit, à payer à l'Etat avant d'entrer dans la circulation des droits énormes et bien supérieurs à sa valeur, mais encore, tous les Marais salants ont été classés au cadastre comme terre de première qualité et sont imposés en conséquence. Cette situation jointe à ce que les Marais salants ont à supporter la terrible et ruineuse concurrence des carrières de sel gemme qui se trouvent particulièrement dans l'Est, fait que cette industrie se trouve depuis de longues années dans des conditions désastreuses, et que nombre de propriétaires et de sauniers abandonnent leur marais plutôt que de payer l'impôt. Si elle n'arrive pas à obtenir des pouvoirs publics des conditions plus favorables, cette intéressante industrie est donc condamnée d'ici quelques années à disparaître de notre région, comme de tout notre littoral et il est permis de se demander ce que deviendront les populations qu'elle fait vivre.

Quoi qu'il en soit, et avant que les Marais salants aient disparu, nous conseillons vivement aux touristes qui viennent sur notre côte d'aller y faire des excursions par les belles soirées d'été et peu avant le coucher du soleil. Ils y jouiront d'un spectacle instructif et respireront en même temps qu'un air absolument pur, le doux parfum de violette que dégage le sel nouveau.

Une autre jolie promenade à faire à mer montante consiste à s'embarquer sur un des nombreux canots qui se trouvent toujours près du Pont, à Saint-Gilles ou à Croix-de-Vie et à se faire conduire moyennant une rétribution, qui ne sera jamais bien élevée, vers les villages du **PLESSIS**, de **LA BODELINIÈRE** et de **ROMANGUY**, en remontant la rivière. Le nom du dernier de ces villages (gué roman ou gué romain indique sa lointaine origine. Il est absolument indiscutable d'après les fragments de poterie, et les tuiles qu'on a trouvées dans le fond de la rivière qu'il y avait là un établissement gallo-romain qui était relié à Saint-Gilles par un chemin traversant les routes du Fenouiller et d'Aizenay, pour tomber à l'angle d'un champ nommé *Champ de la Chapelle*, près de la métairie de la Revraie, dans le chemin Ferré (ancienne voie romaine) (1) et débouchant par le Chemin-Vert.

On a retrouvé précisément dans ce champ de la Chapelle les débris de l'établissement de poterie qui produisait les vases et les tuiles trouvées à Romangui et à La Bodelinière. En face du village de Romangui se trouve ce monument dit de la

(1) V. plus haut Excursion à L'Aiguillon-sur-Vie.

Tonnelle, qui n'était autre chose qu'un phare ou tour à signaux se trouvant à l'entrée du grand port qui jadis s'étendait jusqu'à Rié. Mais ce qu'il y a de plus intéressant dans ces villages, c'est l'industrie de l'élevage des moules à laquelle le village de La Bodelinière a donné son nom.

Toute la population actuelle de ces villages se livre à la culture des Moules et des Marais salants. Au pied de ces villages, sur une étendue de plus de 2 kilomètres, et des deux côtés de la rivière, les sauniers ont établi des dépôts de moules autrefois recueillies sur des pierres, auprès des villages, et aujourd'hui enlevées aux rochers de la côte, à l'entrée du port de Saint-Gilles-sur-Vie (1). Si on en croit les tuiles à rebord d'origine gallo-romaine trouvées au fonds de la rivière, l'établissement de ces moulières remonterait aux Romains qui savaient si bien tirer parti des ressources de toutes natures qu'offraient les pays qu'ils conquéraient. Bien avant le XIIe siècle, les Moulières de Vie avaient une certaine renommée.

---

(1) Depuis plusieurs années, au grand mécontentement de la population des villages, l'Administration de la Marine ne concède plus les emplacements pour les dépôts de moules ou TRAITS qu'aux Inscrits maritimes, et à mesure que les concessionnaires actuels viennent à disparaître, leurs concessions ne vont pas à leurs familles qui les possédaient souvent cependant depuis un temps immémorial, mais aux marins. Cette mesure soulève naturellement de très violentes réclamations, d'autant plus qu'il y aurait bien des emplacements pour tout le monde sur les bords de la Vie.

Du reste, l'élevage des moules tel qu'il est pratiqué

Les seigneurs du Poitou tenaient à honneur de faire figurer sur leurs tables ce mollusque appétissant, et les sires d'Aspremont, de Rié et de Commequiers, recherchaient les moules de La Bodelinière, mais malheureusement cette industrie, établie sans règle, devint bientôt un obstacle pour la navigation sur la *Vie*, car le 3 septembre 1615, Marie de Luxembourg, dame de Rié, prescrit à ses officiers « de faire détruire les mou- » lières établies dans le lit de la *Vie* et qui gênait » la circulation ».

On a toujours élevé des moules dans la *Vie*, mais cette industrie n'a jamais repris son ancienne prospérité, et est loin d'avoir atteint même de nos jours les résultats qu'elle pourrait donner. (1)

X. — AUTRES EXCURSIONS

Les Excursions que nous venons de décrire sont celles qui se trouvent dans les environs immédiats de Saint-Gilles-Croix-de-Vie, il en est

---

actuellement ne donne que de médiocres résultats, et les dépôts sont souvent dérangés ou détruits par les courants de la rivière que les couvrent de vase. Les éleveurs auraient peut-être avantage à prendre modèle en le modifiant suivant la nature du sol, sur le système de claies ou bouchots inventé par l'anglais Walton pour l'anse de l'Aiguillon-sur-Mer.

(1) A marée basse on peut aller visiter en face de la Bodelinière l'entrée d'un souterrain-refuge, qui donne sur les bords de la rivière.

plusieurs autres qui peuvent être également faites de cette station, mais que nous ne ferons qu'indiquer parce qu'elles n'entrent pas dans le cadre de ce travail.

C'est d'abord celle de **SAINT-JEAN-DE-MONT** (distance 15 kilomètres). On prend la route du Perrier jusqu'au Pissotte, *(V. les Excursions à Saint-Hilaire et aux Mathes)* puis à cet endroit on prend à gauche pour Saint-Jean-de-Mont. La route est presque tout le temps ombragée et fort agréable.

Pour aller du bourg de Saint-Jean-de-Mont à la Plage, on compte 3 kilomètres. Il faut traverser le bourg et prendre la route qui passe devant l'Eglise. Depuis quelques années on a construit des deux côtés de la route qui mène à la mer de très nombreux chalets qui se louent assez bien au mois d'août. La Plage est de toute beauté, mais un peu monotone, parce qu'elle manque totalement de rochers et qu'il n'y a pas le mouvement des bateaux de pêche qui égaie celles de Saint-Gilles et de Croix-de-Vie.

En continuant de l'autre côté de Saint-Jean-de-Mont, en longeant les dunes boisées, on arrive à 8 kilomètres de cette dernière localité, à **NOTRE-DAME-DE-MONT** où il est question de créer une Station balnéaire; puis à 13 kilomètres de Saint-Jean-de-Mont, à **LA BARRE-DE-MONT**, où on s'embarque pour aller à l'**ILE-D'YEU** ou à **NOIRMOUTIERS.**

La traversée pour l'Ile-d'Yeu se fait sur le bateau à vapeur le *Rover*, elle demande 2 heures à 2 heures 1/2. (1)

(1) Pour les heures de départs, qui varient sui-

Mais plutôt que d'aller prendre le bateau à vapeur à La Barre-de-Mont pour l'Ile-d'Yeu, les Etrangers qui viennent passer une saison à Saint-Gilles-Croix-de-Vie, feront bien mieux de s'embarquer sur un petit bateau à vapeur, qui une ou deux fois par semaine, pendant les mois de juillet et d'août, fait escale dans le port de Saint-Gilles, en venant des Sables et les emmène à l'Ile-d'Yeu (2 h. 1/2 environ) et les ramène dans la même journée. Du reste rien ne les empêche s'ils ne trouvent pas avoir assez de temps pour visiter l'île, de repasser le lendemain ou le surlendemain à La Barre-de-Mont par le *Rover*, et là, de prendre le tramway qui les amènera à Challans où ils retrouveront la ligne de Nantes à Saint-Gilles.

A visiter à l'Ile-d'Yeu, le Port-Joinville, l'anse des Boschets et le Caillou-Blanc, le grand Phare, le vieux Château, le port de la Meule, la Pierre-Tremblante, les falaises du Châtelet, de la Meule, de la pointe de la Tranche, de la pointe des Corbeaux.

Pour Noirmoutiers, on traverse le goulet de Fromentine (1 kilom.) sur la chaloupe à vapeur la *Fromentine* (durée de la traversée environ 5 minutes; prix, 40 c. en 1re classe, 10 c. en 2e), qui mène les voyageurs dans l'île, à la pointe de La Fosse. La distance de La Fosse au bourg de Noir-

vant les heures de la marée, on fera bien de consulter les affiches. Plusieurs jours, chaque mois, le bateau à vapeur va faire nettoyer sa machine et ces jours-là, le passage est fait par une chaloupe.

moutiers est de 15 kilomètres. Il existe un service de voitures correspondant avec les heures d'arrivée du tramway de Challans (1). Si on ne doit pas arriver à La Barre-de-Mont à ces mêmes heures, on fera bien de télégraphier à l'avance à Noirmoutiers d'envoyer une voiture. Si on n'a pas pris cette précaution ou si on manque le départ des voitures, on pourra s'en procurer à **BARBATRE** qui est à 5 kilomètres de La Fosse.

A visiter à Noirmoutiers, la ville et le port de Noirmoutiers, l'église et la crypte de Saint-Philbert, le Château, le bois de La Chaize (anse du bois de La Chaize, chambre des Dames, grotte de Saint-Philbert, anse des Souzeaux), le Cobe, la Claire, le Pelavé, le Vieil, la Magdeleine et son figuier, l'abbaye de la Blanche et son bois, l'Herbaudière et l'îlôt du Pilier. (2)

Une autre Excursion obligatoire pour tous ceux qui viennent séjourner à Saint-Gilles-Croix-de-Vie, est celle des Sables-d'Olonne. *(Pour la route, voir l'Excursion à Bretignolles et Saint-Nicolas-de-Brem).* A visiter aux Sables, le Remblai, la Plage, l'Eglise, le Port et le Bassin, les chantiers de Construction, la Poissonnerie, le Casino, le grand Phare, la grande Jetée de La Chaume, la forêt de La Rudelière.

---

(1) Durée du trajet de La Fosse à Noirmoutiers par les voitures publiques, 1 h. 15. Pour les heures, consulter les affiches.

(2) Pour l'Excursion à Noirmoutiers, consulter le GUIDE DU VOYAGEUR A NOIRMOUTIERS, par M. le Dr Viaud Grand-Marais. — Nantes, Mellinet.

Enfin les personnes qui se trouveront à Saint-Gilles-Croix-de-Vie les 7 et 8 septembre feront bien de ne pas manquer d'aller assister au pèlerinage de **NOTRE-DAME-DE-GARREAU**, petite chapelle qui se trouve sur le territoire de la commune de La Chapelle-Hermier et où depuis un temps immémorial toutes les populations de la contrée se rendent en pèlerinage. Une pierre qui se trouve non loin de la chapelle, dans le lit du *Jaunay*, passe pour avoir des vertus miraculeuses. Le 7 est choisi de préférence par les personnes qui vont faire leur dévotion à Garreau. A 10 heures, il y a une grand'messe en plein air devant la Chapelle, suivie d'une procession dans une prairie sur les bords du *Jaunay*. Le lendemain bien qu'il y ait encore de nombreuses personnes qui viennent assister aux messes qui sont dites dans la chapelle et y faire brûler des cierges, est plutôt le jour de la fête profane, du *préveil* et toute la soirée la jeunesse du pays danse ferme sous la feuillée.

Pour se rendre de Saint-Gilles à Garreau, on passe par les Quatre-Chemins (7 kilomètres). *(V. l'Excursion à l'Aiguillon)* ; des Quatre-Chemins à Coëx (8 kilomètres) ; de Coëx à Buron (3 kilomètres) où on tourne à gauche pour aller à La Chapelle-Hermier (2 kilomètres). Après être sorti de La Chapelle-Hermier on prend la première route à gauche qui mène à Garreau (2 kilomètres). (1)

(1) On peut encore gagner La Chapelle-Hermier en passant par l'Aiguillon-sur-Vie. A cet effet, on quitte

CHAPITRE CINQUIÈME

CHASSE ET PÊCHE

1° CHASSE

Les chasseurs qui viendront en villégiature à Saint-Gilles-Croix-de-Vie trouveront facilement à satisfaire leur passion, aux mois de juillet et d'août ils pourront tirer les oiseaux de mer le long de la Plage de Saint-Gilles ou des Falaises de Croix-de-Vie ou dans la Garenne de Rié. Fin d'août ou commencement de septembre suivant les années, les ouvertures de chasse sont quelquefois très belles dans la plaine de Saint-Gilles et on y trouve pas mal de lièvres, de perdrix et de cailles, mais la chasse est réservée sur beaucoup de propriétés, et l'Etranger qui ne voudra pas s'exposer à des désagréments fera bien de s'arranger pour chasser avec une personne du pays.

Dans les dunes boisées de Saint-Hilaire, il y

---

la grande route au milieu du bourg de l'Aiguillon et on prend une demi-route qui se présente à gauche, derrière la propriété de Marigny et qui mène à La Chapelle-Hermier, on tourne à droite, puis à gauche, et on arrive à Garreau.

a une très grande quantité de lapins, et on peut voir ceux-ci courir dans tous les sens, lorsqu'on fait l'ascension de l'une d'elles, mais la chasse dans ces dunes est mise en adjudication par l'administration des Domaines et elle appartient à une Société fermière.

La Chasse spéciale au pays est celle du Vanneau qui a lieu pendant trois mois de mars à mai. Le Vanneau *(vanelus cristatus)* est un joli oiseau, au plumage à reflets verdâtres, à la fine tête surmontée d'une aigrette, qui arrive par troupe, au mois de mars, dans les prés marécageux. Souvent il est accompagné du Pluvier doré *(charadrius pluviales)* et du pluvier gris ou pluvier argenté *(vanellus melanogaster)*, qui vivent de la même manière et qui acceptent sa société.

Dans les environs de Saint-Gilles-Croix-de-Vie et principalement dans les communes de Saint-Hilaire, Notre-Dame-de-Rié et du Fenouiller la chasse au vanneau constitue une véritable industrie, et ceux qui la pratiquent prennent souvent des vanneaux par centaines et les vendent aux marchands de gibiers des environs qui les expédient dans les grandes villes.

Cette chasse a lieu, au moyen de deux grands filets connus dans les environs de Saint-Gilles sous le nom de *formes*. Le filet est retenu en terre par de petits pieux et le chasseur demeure immobile près de lui. Un vanneau vivant ou un vanneau plus ou moins bien empaillé sert de mouvette ou d'appel ; il est placé au-devant du filet et on le fait sauter à l'aide d'une ficelle. Les troupes de vanneaux et de pluviers s'abattent auprès de leur congénère et lorsqu'elles se trouvent placées entre les deux parties du filet, disposées de côté et d'autre, à plat, comme les deux vanteaux d'une fenêtre ouverte, le chasseur fait refermer sur elles la totalité de son filet, en tirant une corde. Il n'est pas rare de voir prendre ainsi une troupe entière.

Les vanneaux détruisent dans les champs une quantité considérable de vers et autres insectes, aussi sont-ils considérés comme très utiles à l'agriculture ; il y a quelques années un arrêté du Préfet de la Vendée avait interdit leur destruction ; mais cette mesure portait un très grave préjudice aux nombreux chasseurs de vanneaux qu'elle privait de leurs moyens d'existence, et conformément à une délibération prise par le Conseil général de la Vendée, sur les vives réclamations qui avaient été faites, cette chasse est désormais tolérée. Du reste il paraît certain que le vanneau est un oiseau de passage et que par conséquent les arrêtés préfectoraux sur la destruction des animaux utiles à l'agriculture ne doivent pas s'y appliquer.

2° LA PÊCHE

Les rochers de Croix-de-Vie et de Sion sont le paradis des pêcheurs à la ligne qui, aux grandes marées, s'y livrent avec le plus grand succès à la pêche à la *Loubine*, de son nom scientifique, centropome loup *(labrax lupus)*, qui est peut-être le meilleur de tous les poissons, y compris le Turbot. Il n'est pas rare que d'heureux pêcheurs arrivent à amener à terre des Loubines pesant plusieurs kilos. On pêche encore sur la côte, dans le port et surtout dans les dépendances des marais salants, le *Meuille* ou *Mulet*, que les savants appellent muge céphale *(mugil capito)*, qui est aussi un excellent poisson et qui est encore meilleur lorsqu'il est pêché la nuit, parce qu'alors ses intestins ne contiennent ni sable ni vase.

Les principales espèces de poissons qu'on peut prendre sur la côte ou dans le port, sont : La *Plie*, pleuronecte plie *(platessa vulgaris)* ; la *Sole* *(solea vulgaris)*; le Mulle rouget *(mullus barbatus)* ou simplement *Rouget* : le *Maquereau*, scombre maquereau *(scomber scombrus)* : l'*Aiguille* ou *Serpent de Mer*, syngnate ophidion *(syngnatus ophidion)* ; le *Cheval marin*, syngnathe hippocampe *(hippocampus guttucatus)*, qui a la tète et le cou du cheval et qu'on trouve auprès des rochers, principalement avec les Crevettes ; l'*Anguille* ou murène anguille *(muræna anguilla)*.

Les autres poissons qui sont pêchés seulement au large et qu'on pourra voir aux Poissonneries de Croix-de-Vie ou des Sables sont notamment : La Raie batis ou cendrée *(raja batis)*, qui est cet énorme poisson désigné sous le nom de *Pocheteau* ; la *Raie bouclée* *(raja clavata)*, qui a sur le corps des épines très pointues et recourbées et dont la chair est bien préférable à celle du Pocheteau (1); le Squale roussette (*squalus canicula*) dont la peau est si dure qu'elle sert à polir le bois et le Squale milandre (*squalus galeus*), nommé aussi *Chien de mer*, très fréquent sur la côte (les pêcheurs les fendent, les salent et les font sécher pour les manger pendant l'hiver); le *Congre* ou murène congre (*murœna conger*) qui ressemble beaucoup à l'Anguille, mais beaucoup plus gros et qu'on vend en petites rondelles ; le *Merlus* ou gade merlus (*gades merlucius*), excellent poisson pêché en abondance sur toute la côte de la Vendée; le *Germon*, scombre bonite (*tynnus abalonga*), que les chaloupes des Sables et de Saint-Gilles vont pêcher jusque sur les côtes d'Espagne, pour l'apporter ensuite aux Usines de Conserves alimentaires, il est préparé à l'huile, mis dans des boîtes en fer blanc, soudées, puis livrées au commerce sous le nom de Thon. Depuis quelques années, par suite de la rareté de la Sardine sur nos côtes, c'est le *Thon* ou *Germon* qui alimente les Fabriques de conserves de Croix-de-Vie ; le *Grondin* ou trigle grondin (*trigla circulus*), poisson très estimé à cause du bon goût de sa chair, ainsi que le *Mulus surmulatus*, mulle sur mulet, plus ordinairement désigné sous le nom de *Barbarin*, joli poisson rouge très recherché pour sa chair très blanche, ferme et feuilletée ; la *Dorade* (*sparus aurata*), qui demande à être cuite fraîche ; enfin,

---

(1) Pour que la chair des Raies soit vraiment bonne il faut qu'elles soient pêchées depuis quelques jours.

celui qui est considéré comme le roi des poissons, le *Turbot*, pleuronecte turbot (*rhombus maximus*), qui atteint quelquefois des poids de plus de 15 kilogrammes et se vend 30 ou 40 francs.

Mais le poisson que les personnes qui viennent passer les mois de juillet, août ou septembre à Saint-Gilles-Croix-de-Vie, sont appelées à voir le plus, bien que depuis un certain nombre d'années, comme nous l'avons déjà dit, il se fasse beaucoup plus rare sur nos côtes, c'est la *Sardine*, de son nom scientifique, clupées sardine (*clupea sardina*), qui, si elle est un des plus petits poissons en est aussi un des plus jolis et des plus utiles à l'alimentation publique. Rien n'est joli comme de voir le matin la petite flotille des bateaux de pêche partir pour la pêche avec leurs voiles vivement éclairées par les rayons du soleil levant ou de les voir revenir sur le soir en se hâtant vers le port et luttant entre eux de vitesse. Rien n'est appétissant comme ces jolis poissons tout argentés et il est difficile de trouver un manger plus savoureux qu'une sardine venant de sortir du bateau et rôtie bien à point sur le gril, après avoir été saupoudrée préalablement de quelques grains de sel.

Le port de Saint-Gilles-Croix-de-Vie possède un grand nombre de bateaux non pontés qui se livrent à cette pêche; (1) chacun d'eux est monté par 4 ou 5 hommes, dont un mousse. Lorsqu'un banc

(1) Le nombre des bateaux de Saint-Gilles et de Croix-de-Vie qui font la pêche de la sardine est d'environ 70 ou 80, il était plus du double autrefois.

de sardines a été rencontré, les pêcheurs jettent à l'eau un filet qu'ils trainent ensuite derrière leur embarcation dirigée à l'aviron, de manière à faire étendre dans la mer les mailles de ce filet et à donner plus ou moins de vitesse à l'engin, tenu droit sur l'eau d'un côté par des lièges. Le patron suit de l'œil la sardine et, selon qu'elle passe à droite ou à gauche du piège, par devant ou par derrière, il lance à l'opposé la rogue (1) dont quelques parties tombent en s'égrenant, tandis que d'autres graissent la surface des eaux.

Le poisson en voulant saisir l'appât, donne tête baissée dans le filet et le rougit de son sang, il lui laisse aussi ses écailles qui miroitent au sommet de la vague. On tire alors rapidement le filet dans la barque, et par le tamisage, c'est-à-dire par le secouement du filet par fractions, les sardines sont détachées des mailles qui les retiennent et on les laisse tomber dans un petit réservoir qui existe près de l'arrière du bateau. D'autres filets sont successivement jetés à la mer et la barque ne reprend le chemin du port que lorsque l'heure de la marée montante est arrivée.

La sardine ne vit qu'un instant; elle meurt presque foudroyée par l'atteinte du filet. Dans les convulsions de son agonie, elle change mille fois

---

(1) La rogue est un appât provenant des pêcheries de Suède, Norwège et Danemarck. Il est composé d'œufs de poissons et souvent fraudé; on en fait aussi avec les œufs du maquereau, il est meilleur mais aussi coûte plus cher.

de couleur et développe en ces quelques minutes les plus brillants reflets.

Il faut être absolument rebelle au mal de mer pour aller assister à la pêche de la sardine; mais une pêche des plus agréables, qui est parfaitement à la portée de tous les touristes qui fréquentent notre station, est la pêche à la Crevette. Voici comment on procède. On se sert d'un filet, que les pêcheurs nomment rêt, il n'a pas de manche et son ouverture est circulaire : c'est une poche de $0^{m}60$ à $0^{m}70$ de long, d'un diamètre de $0^{m}45$ à $0^{m}50$ à l'entrée, suspendue par le cercle qui la tient ouverte à une corde plus ou moins longue suivant la profondeur du lieu où l'on pêche, lestée d'une pierre ou d'un morceau de plomb et dans l'axe duquel sont suspendus au moyen d'une ficelle, des fragments de crabes ou des têtes de sardines formant appât.

Le pêcheur choisit pour opérer l'époque du *gros d'eau,* c'est-à-dire le moment où la mer se retire le plus loin et laisse le plus de rochers à découvert ; il part de préférence le soir après le coucher du soleil, ou même la nuit et bien entendu à marée descendante, de façon à être en pêche dès que la mer est tout à fait basse. Il emporte quatre ou cinq rêts préparés comme il vient d'être dit plus haut, plus un panier ou une poche en grosse toile suspendue à son cou et destinée à recevoir le produit de sa pêche. Ayant choisi l'endroit propice, c'est-à-dire les anfractuosités des rochers les plus voisins de la mer et où l'eau paraît la plus profonde, il descend ses rêts à une certaine distance les uns des autres, les laisse reposer dans le fond de la mer et attend patiemment pendant quelques instants, 5 ou 10 minutes, avant de les lever pour en retirer les crevettes qui peuvent avoir été attirées par l'appât. Il a soin, en levant ou tirant son rêt, de tenir la cordelle le plus perpendiculairement possible, et, de la main droite, il cherche et prend les crevettes qu'il contient, il les met ensuite dans son panier ou son sac rempli d'algues pour les conserver vivantes.

Lorsque la mer commence à monter, le pêcheur reprend le chemin de sa demeure où il s'occupe à préparer ses crevettes. Il place sur un feu ardent un chaudron de fer rempli d'eau douce, et lorsque cette eau commence à entrer en ébullition, il y plonge sa pêche vivante en y joignant du sel à raison de 1 kilogramme pour 4 kilogrammes de crevettes.

Après avoir laissé bouillir pendant 5 minutes, il retire la crevette, l'étend sur une table et l'arrose d'eau froide et non salée. Cette belle teinte rouge qui en fait le prix paraît alors plus foncée et remplace totalement la couleur verdâtre de la crevette vivante.

Ainsi préparé, ce crustacé peut être conservé pendant trois jours au plus.

Il y a une autre manière d'opérer qui consiste à se servir de *treilles*, c'est-à-dire d'un filet monté sur deux manches qu'on tient de chaque main et qu'on promène sur le fond des trous de rochers, mais si ce procédé qui nécessite la mise du pêcheur à l'eau souvent jusqu'au dessus de la ceinture, permet de prendre quelques *bequots* (1), il ne donne guère de résultats pour la véritable Crevette qui se tient dans les eaux plus profondes.

On pêche aussi la crevette en bateaux avec des *rêts* comme celle pêchée au rocher et surtout depuis quelques années avec des petites dragues, filets qui traînent au fond de l'eau et ramassent tout ce qu'ils trouvent. Pour beaucoup de personnes, ce draguage de la crevette le long de nos côtes est une des principales, sinon, la seule cause de la presque disparition de la sardine, parce que celle-ci ne trouverait plus chez nous les œufs de poisson qui constituent le fond de sa nourriture et qu'elle va chercher sur les côtes où on ne drague pas, notamment en Bretagne.

Un certain nombre de marins et même plusieurs savants, ainsi que le Ministère de la Marine lui-même, répondent que ce fait n'est point suffisamment démontré pour qu'on soit en droit d'interdire le draguage de la Crevette ainsi que le demandent les partisans de la première opinion et à réduire pendant peut-être inutilement plusieurs années toute une population à la misère.

Au rocher on peut encore pêcher des Homards et des Cancres. Mais pour cela il est nécessaire d'être muni d'un long crochet en fer, afin de les faire sortir des trous où ils se réfugient, et on fera bien avant de se livrer à cette pêche de se

(1) Sorte de petites Crevettes grises qu'on trouve dans les trous de rochers très près de terre.

rendre compte de la façon dont procèdent les pêcheurs de profession, afin de ne pas se faire saisir les doigts par les redoutables pinces de ces crustacés.

Dans les rochers de Croix-de-Vie, de Sion, et ceux de Bretignolles il y a beaucoup de homards, mais on n'y trouve presque pas de langouste (*palinurus vulgaris*), qui lui est bien supérieure comme chair. Comme on sait la différence entre les homards et les langoustes réside surtout dans les pinces qui sont très grosses chez le Homard et très petites chez la langouste ainsi que dans la couleur après la cuisson, qui devient d'un rouge beaucoup plus vif chez le premier que chez la seconde.

Mais il y a encore d'autres pêches. Ce sont celles des nombreuses espèces de mollusques qu'on trouve sur nos côtes.

Nous citerons notamment : La *Coque* ou bicarde sourdon (*cardium edule*), qui tire son nom du grec *bous*, bœuf et *cardia*, cœur, à cause de sa ressemblance avec ce viscère. Il vit sur les plages, dans les ports ou dans les canaux, c'est pourquoi on le trouve en grande quantité sur la vase, dans les dépendances des marais salants. Il s'enfonce dans le sable, au moment du reflux, en tournant sur lui-même, et ne remonte que lorsque le flux se fait sentir, il marche et il change facilement de place. Le sourdon qui vit sur le sable a une belle couleur d'un bleu légèrement teinté de jaune, tandis que celui qui vit sur la vase prend une couleur bleuâtre. Si vous voulez manger des sourdons sur le bord de la mer, et au fur et à mesure que vous les pècherez, vous pourrez les ouvrir sans couteau en appliquant deux sourdons l'un contre l'autre, du côté de la charnière et en les faisant tourner en pressant.

Le *Pignon* ou donace gafet (*donax anatinum*), est ce joli coquillage que nous trouvons enfoncé dans le sable des plages et qu'il est facile de prendre à l'aide d'une cuillère. Son genre de vie est le même que celui des sourdons ; il s'enfonce dans le sable comme ces derniers au fur et à mesure que l'eau de la mer se retire, cependant le *Pignon* est doué de la singulière propriété de sauter sur le sable pour regagner la mer.

L'*Avignon* ou mye lavignon (*lutroria compressa*), est un coquillage ovale, à coquilles minces, bleuâtres lorsqu'il a vécu enfoncé dans la vase, et blanchâtres lorsqu'il a été dans le sable. On pèche la Mye principalement dans la vase sablonneuse du fond des ports, et deux petits trous assez rapprochés indiquent sa présence dans le sol. Lorsque les eaux de la mer se retirent, au moment du reflux, les syphons de la Mye s'allongent en même temps que le coquillage descend au fond du trou qui lui sert de demeure ; quand au contraire, les eaux viennent à couvrir de nouveau le lieu qu'il habite, c'est-à-dire au moment du flux, le coquillage remonte en absorbant en lui-même ses siphons naguère totalement allongés. C'est donc à marée basse qu'on le pèche, malheureusement il est peu abondant.

La Mye des sables, connue sous le nom de *Pa-*

tagau, a des coquilles plus épaisses que la mye lavignon et surtout moins plates et moins friables, sa forme est ovale, ses coquilles sont minces et baillantes aux deux extrémités, avec une dent très forte à la valve gauche, au point de la charnière. Semblable à l'avignon, quant à la couleur des coquilles, vivant de la même manière, mais n'ayant qu'un gros siphon muni de deux trous et assez semblable à une trompe, ce coquillage est un des plus utiles tant pour l'alimentation publique que pour l'industrie de la grande pêche de la morue. Elle a été importée d'Amérique où elle est nommée *solt-clam*, en France, en 1670, par deux marins, l'un des Sables et l'autre de Saint-Gilles, et a été acclimatée dans ces deux ports.

Le *Solen*, manche de couteau (*solen vagina*) est un coquillage long, bivalve et assez semblable à un manche de couteau ; il vit enfoncé dans le sable verticalement et à une assez grande profondeur. A marée basse, il s'enfonce au fond de sa demeure qui n'est indiquée que par un trou au niveau du sol. Il suffit de laisser tomber quelques grains de sel à l'entrée de ce trou pour attirer le coquillage à la surface; mais il disparaît promptement si on n'est pas assez vif pour l'enlever en faisant sauter le sable.

La Vénus palourde (*venus decussata*), vulgairement *clovisse*, est un bivalve à coquilles très fortes, fermant hermétiquement. Ce coquillage à l'état cru peut remplacer l'huître, quoique son goût soit plus fort. La Palourde vit enfoncée dans le sable, sur le bord de la mer et elle voyage très facilement à l'aide de son pied. Ses coquilles sont remarquables par le beau vernis naturel qui les recouvre.

Le Sabot vignot (*turbot littorens*), vulgairement *Bigourneau* ou *Bigreneau*, est un coquillage univalve et muni d'une tête mobile et distincte, dans le genre du limaçon terrestre. Il vit sur les rochers presque constamment recouverts par les eaux de la mer et il se meut facilement. La forme générale de sa coquille est un peu allongée comme un cornet.

La Patelle vulgaire (*patella vulgata*), connue sous le nom de *Jambe* ou *Bernicle*, est ce joli coquillage en forme de cône qui s'attache fortement au rocher. Pour détacher la Bernicle du rocher, il faut se munir d'un bon couteau à lame large et faire glisser la pointe entre le coquillage et la pierre.

L'Oursin (*échinus*) est plat d'un côté et rond de l'autre, il a deux trous, l'un en bas et l'autre en haut, et est entièrement couvert d'épines articulées qui se meuvent au gré de l'animal. Ce coquillage curieux habite les trous des rochers où on ne peut le pêcher que dans les marées basses des syzygies, c'est-à-dire aux *gros d'eau*.

Tous ces Coquillages sont comestibles. On comprendra facilement que le cadre de ce travail ne nous a pas permis de donner la désignation de tous les poissons et de tous les coquillages qui vivent sur nos côtes. Nous n'avons pas parlé notamment des principaux d'entre eux, les *Huîtres* et les *Moules*, mais nous n'avons voulu donner que quelques indications pour la Pêche, et ces dernières ne peuvent être utilisées qu'après avoir été élevées dans des parcs ou endroits spéciaux. Ils ne nous intéressent donc pas au point de vue qui nous occupe. (1)

(1) V. pour l'élevage des Moules, l'Excursion à La Bodelinière. On a tenté à diverses reprises à Saint-Gilles et à Croix-de-Vie, l'élevage des Huîtres, mais on n'a pas réussi.

Nous avons puisé les renseignements sur la Pêche dans le GUIDE AUX SABLES ET AUX ENVIRONS, de M. Serpeau-Delidon. — Les Sables, Mayeux, éditeur.

BIBLIOGRAPHIE

Voici la liste des Ouvrages qui ont été consultés pour ce travail :

1. *Etudes physiques et historiques sur le Littoral Vendéen,* compris entre Saint-Gilles-sur-Vie et Bourgneuf-en-Retz, par Ch. de Sourdeval. — Mémoires de la Société des Antiquaires de l'Ouest, t. XXIX, année 1864.

2. *Mémoire sur l'ancienne Configuration du Littoral Bas-Poitevin et sur ses Habitants*, adressé en 1755 au P. Arcère par Charles-Louis Joussemet, curé de l'Ile-d'Yeu (publié par Benj. Fillon). Niort, Clouzot, 1876.

3. *Recherches sur les peuples qui habitaient le nord de l'ancien Poitou,* entre la Loire et la Sèvre, lors de la conquête des Romains et l'introduction du Christianisme, par La Fontenelle de Vaudoré, Poitiers, Saurin 1835.

4. *Recherches historiques sur le département de la Vendée,* par M. Paul Marchegay, canton de Saint-Gilles-sur-Vie. (Annuaire de la Société d'Emulation de la Vendée, 5e année, 1858, p. 185.

5. *Notes historiques sur Commequiers*, par M. C. Mourain de Sourdeval, *id.* 6e année, 1859, p. 206.

6. *Recherches historiques sur le département de*

la Vendée, par M. Paul Marchegay (2e série), canton de Saint-Gilles-sur-Vie, *id.* 10e année. 1864, p. 162.

7. *Antiquités celtiques de la Vendée,* arrondissement des Sables-d'Olonne, canton de Saint-Gilles-sur-Tie, par l'abbé Baudry, *id.* p. 252.

8. *Saint-Gilles-sur-Vie,* par M. Delidon, *id.* 19e année, p. 148.

9. *L'Ile de Riez, Expédition de Louis XIII contre Soubise, en avril 1622,* avec bibliographie de l'expédition, par Ch. de Sourdeval, *id.* 7e année, p. 97.

10. *Etude sur le Marais septentrional de la Vendée,* par Ch. Gallet. — Port de Saint-Gilles, *id.* 13e année, 1866, p. 184.

11. *Recherches historiques sur le département de la Vendée,* par Marchegay (3e série), les Bretons à Saint-Gilles, *id.* 14e année, 1867, p. 243.

12. *La Bachellerie de Saint-Gilles et la plantation du Mai en 1781.* (Document inédit, extrait des Archives départementales.) *id.* 8e année, 1861-62, p. 198.

13. *Exemption du ban et arrière-ban en faveur des Gentilshommes chargés de la défense de Saint-Gilles et de l'ile de Rié,* 1551-1552. Document publié par Marchegay, *id.* 25e année, 1878, p. 182.

14. *Montre ou Revue des Hommes de la paroisse d'Apremont,* convoqués pour la défense des côtes, *id. id.* p. 173.

15. *La Baronnie de Rié*, par Ch. de Sourdeval, *id.* 23e année, 1876, p. 19.

16. *La Mer du seigneur de Riez, vers 1075,* par le comte de La Boutetière, *id.* 21e année, 1874, p. 108.

17. *Possessions territoriales des ordres religieux et militaires* dans le département de la Vendée, par le même, *id.* 19e année, p. 97.

18. *Incendie de la commanderie des Habites en 1622,* document, publié par le même, *id.* 22e année, p. 69.

19. *Les Mouclières de la Vie,* par Delidon (documents), *id.* 22e année, 1875, p. 165.

20. *Hypothèse sur le port Ségor,* par l'abbé Simonneau, *id.* 28e année, 1881, p. 152.

21. *Notice sur la Chapelle de Notre-Dame-de-Pitié, au Cimetière de Saint-Hilaire-de-Riez,* par M. Simonneau, *id.* 29e année, 1882, p. 91.

22. *Biographie de Philippe Chabot,* par M. Eugène Louis, *id. id.* p. 94.

23. *Essai sur la Vie. — Abjuration de plusieurs familles calvinistes de Croix-de-Vie en 1685, seigneuries de Riez,* par M. Aug. Simonneau, *id.* 31e année, 1884, p. 19.

24. *La châtellenie de Saint Gilles-sur-Vie et ses seigneurs,* par M. l'abbé Pontdevie, *id.* 32e année, 1885, p. 156. (Cette très importante étude qui nous a beaucoup servi ainsi que la suivante pour notre travail, a été tirée à part.)

25. *La Réforme à Saint-Gilles,* par le même, Luçon, Bideaux, 1885.

26. *Notre-Dame-de-Garreau, son pèlerinage, sa chapelle,* par le même. (Annuaire de la Société d'Emulation de la Vendée), 34e année, 1887, p. 30.

27. *Aveu de la seigneurie de la Chapelle-Hermier à la baronnie d'Aspremont,* par le marquis de la Vieuville, 20 février 1723. — Extrait, par M. Bit-

ton, des papiers de la seigneurie de Beaumarchais, *id.* 35e année, 1888, p. 57.

28. *La Commission militaire des Sables-d'Olonne,* (1er avril 1793, 14 avril 1794) par M. Bitton, *id. id.* p. 107.

29. *La Déroute de M. de Soubise dans l'Ile de Riez,* appréciée par sa sœur Anne de Rohan et par un paysan poitevin, publiée par E. Louis, *id.* 21e année, 1874, p. 94.

30. *Le postillon d'Angleterre à M. de Soubise sur la Défaicte de ses troupes* (MDCXXII), publié par le même, *id.* 35e année, 1888, p. 103.

31. *Les Juridictions Bas-Poitevines*, par Bitton, *id.* 36e année, 1889, p. 109.

32. *Notes sur les anciens Seigneurs d'Olonne*, *id.* p. 81.

33. *Documents inédits sur la Pêche maritime en Vendée,* par H. Renaud, *id.* 39e année, 1892, p. 205-222.

34. *L'Industrie de la Sardine en Vendée,* par le Dr Baudouin (Extrait de la *Revue des Sciences naturelles de l'Ouest*, 1894).

35. *De quelques populations du Bas-Poitou,* par Laumaunier (Revue du Bas-Poitou, année 1888, p. 62).

36. *La Chapelle-Hermier et Notre-Dame-de-Garreau*, par l'abbé Boutin, *id. id.* p. 62.

37. *Correspondance à propos de Pèlerinages vendéens*, par le même, *id. id.* p. 405.

38. *Un Disciple de Vitruve en Bas-Poitou. — L'Architecte Julien Mauclerc (1513-1577)*, par René Valette, *id.* année 1891, p. 23.

39. *La Vendée à travers les Légendes : Saint-Martin et Saint-Nicolas-de-Brem*, par Henri Colins, *id.* p. 67.

40. *A travers les Clochers du Bas-Poitou*, par l'abbé Teillet, *id.* p. 178.

41. *Recherches documentaires sur les Pêches maritimes françaises. Les pêches anciennes dans l'Olonnais et autres lieux du Bas-Poitou*, par Amédée Odin, *id.* 8e année, 1895, p. 88.

42. *Procès-verbal de démolition de 17 Temples protestants du Poitou*, conformément à l'arrêt du 6 août 1669, par F. et C. Paichaud, *id.* année 1894, p. 45.

43. *Histoire du Poitou*, par Thibaudeau, nouvelle édit. précédée d'une introduction, par M. de Saint-Hermine, Niort, Robin, 1839, 3 vol. in-8°.

44. *Histoire générale, civile, religieuse et littéraire du Poitou*, par le chanoine Aubert, Fontenay, Gourraud, 1885-1893, 9 vol. in-8°.

45. *Cartulaire des sires de Rays*, publié par Marchegay, Nantes, Guérande, 1857, 1 br. in-8°.

46. *Armorial général du Poitou, Élection des Sables*, Niort, Clouzot, 1885.

47. *Archives de l'Évêché de Luçon*, par le P. Ingold, Paris, Poussielgue, 1885, 1 br. in-8°.

48. *Histoire des Protestants et des Églises réformées du Poitou*, par Aug. Lièvre, Paris, Grassart-Cherbuliez, 1856-1860, 3 vol. in-8°.

49. *Histoire des Guerres de religion en Bas-Poitou*, par M. Louis Brochet, Fontenay, Gourraud, 1894, 2 vol. in-8°.

50. *Description du Département de la Vendée*, par Cavoleau, Nantes, V. Mangin, 1818, 1 vol. in-4°.

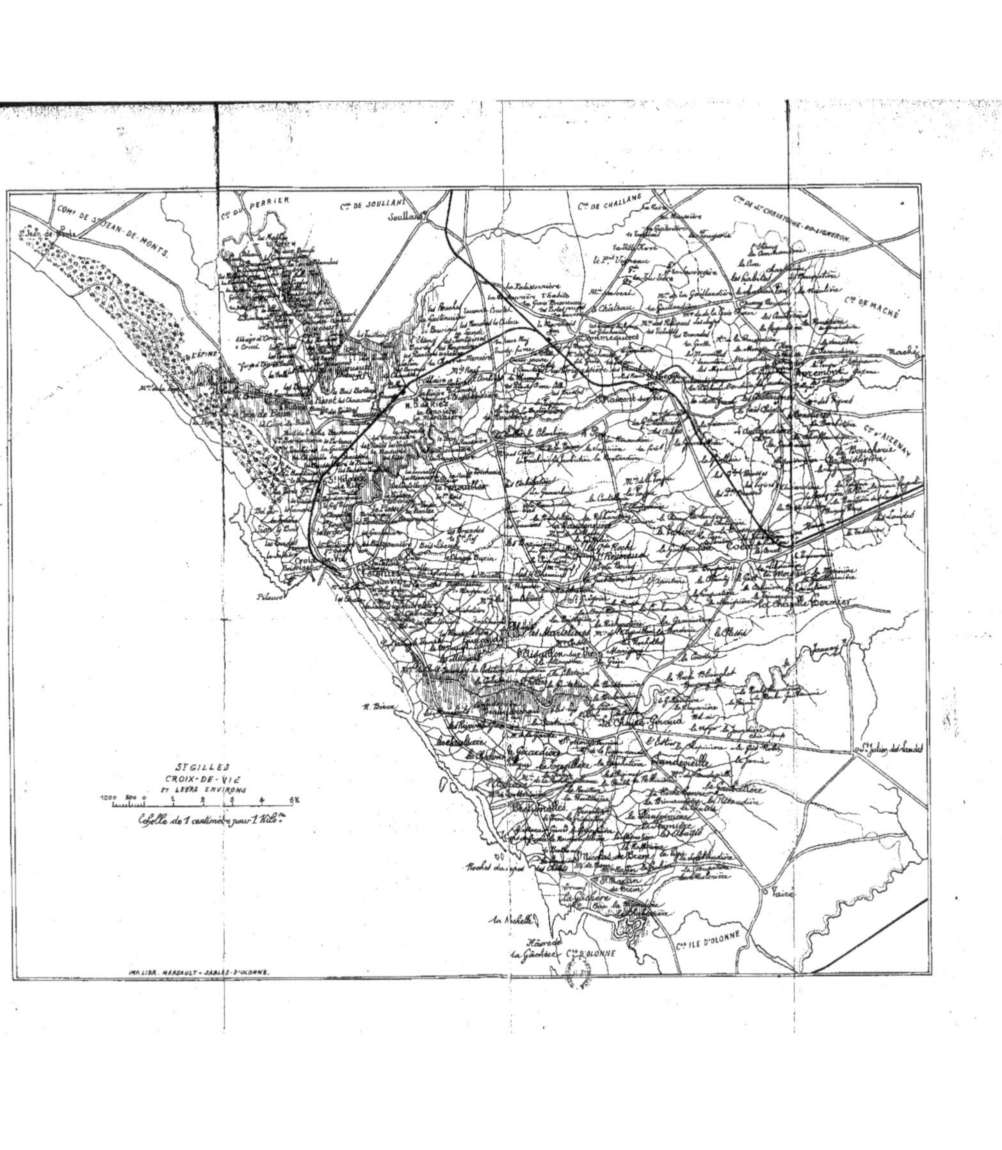

ST GILLES
CROIX-DE-VIE
ET LEURS ENVIRONS
1000 500 0 1 2 3 4 5K
Echelle de 1 centimètre pour 1 Kilom.
Cne DE ST JEAN-DE-MONTS
Cne DU PERRIER
Cne DE SOULLANS
Cne DE CHALLANS
Cne DE ST CHRISTOPHE-DU-LIGNERON
Cne DE MACHÉ
Cne D'AIZENAY
Cne D'OLONNE
Cne ILE D'OLONNE
IMP. LIBR. MARSAULT - SABLES-D'OLONNE.

51. *Tiers-Etat du Poitou en 1789*, par Beauchet-Filleau, Fontenay, Gourraud, 1888, 1 vol. in-8°.

52. *Archives de l'Ouest, Opérations électorales*, Paris, Lacroix, 1 vol. in-8°.

53. *Histoire de la Guerre de la Vendée et des Chouans*, par A. de Beauchamp, 8e édition, Paris, Giguet et Michaud, 1819, 3 vol. in-8°.

54. *Guerre des Vendéens et des Chouans contre la République Française*, par Savary, Paris, Baudouin, 1824, 6 vol. in-8°.

55. *Histoire de la Vendée militaire*, par Crétineau-Joly, Paris, Plon, 1851, 4 vol. in-8°.

56. *La Préparation de la Guerre de Vendée*, par Ch.-L. Chassin, Paris, Dupont, 1892, 3 vol. in-8°.

57. *La Vendée patriote*, par le même, Dupont, 1893-95, 4 vol. in-8°.

58. *Les Pacifications de l'Ouest*, par le même, Dupont, 1896, 1 vol. paru.

59. *La Vendée à trois Époques*, par A. Johannet, Paris, Dentu, 1840, 3 vol. in-8°.

60. *Mémoires sur la Guerre de la Vendée en 1815*, par le baron Canuel, Paris, Dentu, 1817, 1 vol.

61. *1815*, par Henri Houssaye, 5e édition, Paris, Perrin, 1893, 1 vol. in-12.

62. *Notice sur Pierre-Garcie Ferrande*, par Dugast-Matifeux. (Revue de l'Aunis, de la Saintonge et du Poitou, livraison du 25 février 1868.)

63. *Guide de l'Etranger aux Sables-d'Olonne et aux Environs*, par Serpeau-Delidon, Les Sables, Mayeux, 1873, 1 vol. in-12.

64. *Guide aux Sables-d'Olonne et aux Environs*, Les Sables, Mayeux, 1 vol. in-18.

65. *Les Chevaliers de Saint-Michel de la province du Poitou, Philippe Chabot,* notes d'Hozier, publiées par le vicomte Paul de Chabot. Revue historique de l'Ouest, 9e année, p. 631, et même année, p. 383 et suivantes pour les du Bellay, seigneurs de Commequiers.

66. *Notes et Croquis sur la Vendée,* par de Monbail, Niort, Robin, 1843, in-4°. (Cet ouvrage contient une notice sur Apremont).

67. *La Vendée,* par le baron de Wismes. Paris, Bry, in-folio. (Notice sur Apremont).

68. *Chroniques et Légendes de la Vendée militaire,* par de Brem, 1re série (le Château d'Apremont), Nantes, Vincent Forest, 1860, 1 vol. in-12.

69. *Poitou et Vendée,* par Fillon et Rochebrune, Niort, Clouzot, 1887, 2 vol. in-4°. (Notice sur Commequiers et planches à l'eau forte sur Commequiers, Apremont, La Chaize-Giraud et Saint-Nicolas-de-Brem.

70. *Paysages et Monuments du Poitou,* publié par Robuchon, 175e, 176e et 177e livraisons, Palluau, par l'abbé Boutin, Saint-Gilles, par le P. Ingold, Paris, Motteroz, 1891.

71. *Rapport de l'Archiviste du Département au Conseil général de la Vendée,* session d'août 1890. (Extrait des Archives du canton de Saint-Gilles.) La Roche-sur-Yon, Ivonnet, 1890, 1 br.

72. *Guide du Voyageur à Noirmoutiers,* par le Dr Viaud Grand-Marais, 4e édition, Nantes, Ve Mellinet, 1892.

73. *Guide Joanne,* Hachette et Cie, Paris.

74. *Le Portail de l'Eglise de Saint-Nicolas-de-Brem,* par Ballereau, Annuaire de la Soc. Emulation, année 1875, p. 96.

INDEX ALPHABÉTIQUE

DES NOMS DE LOCALITÉS CONTENUS DANS CE VOLUME

Peinture et Vitrerie pour Bâtiments en tous genres, Mme Gavaud, Grande-Rue.

Souvenirs de Saint-Gilles, Assurances, Gombaud, près la Grande Rue.

Leçons d'Allemand, d'Anglais et de Musique, Mme Guérin, institutrice.

Ferblanterie, Lampisterie, Quincaillerie, Articles de Ménages, A. Michon, près les Halles.

Boucheries : Péaud, près l'Eglise ; Mme Richard, rue de la Cure.

TABLE DES GRAVURES

TABLE DES MATIÈRES

LES SABLES. — IMPRIMERIE ROCHE-JOURDAIN

www.ingramcontent.com/pod-product-compliance
Ingram Content Group UK Ltd.
Pitfield, Milton Keynes, MK11 3LW, UK
UKHW012024240726
13965UKWH00002B/563

9 782013 045063